Geheimnisvolles Alsenviertel am Bundeskanzleramt

Helmut Zschocke

Geheimnisvolles Alsenviertel am Bundeskanzleramt

Bibliografische Information der Deutschen Nationalbibliothek
Die Deutsche Nationalbibliothek verzeichnet diese Publikation in der
Deutschen Nationalbibliografie; detaillierte bibliografische
Daten sind im Internet über http://dnb.d-nb.de abrufbar.

Umschlagabbildungen:
Gebäude des Großen Generalstabs
Abdruck mit freundlicher Genehmigung von Gerhard Brand

Helmuth von Moltke
Bildausschnitt aus einem Gemälde von Franz von Lenbach
Foto von Berlin Photographic Co., 1907
Quelle: McClure's Magazine, August, 1908, S. 373

Bundeskanzleramt
Foto von Helmut Zschocke

ISBN 978-3-631-72004-2 (Print)
E-ISBN 978-3-631-72014-1 (E-PDF)
E-ISBN 978-3-631-72015-8 (EPUB)
E-ISBN 978-3-631-72016-5 (MOBI)
DOI 10.3726/b11054

© Peter Lang GmbH
Internationaler Verlag der Wissenschaften
Frankfurt am Main 2017
Alle Rechte vorbehalten.
PL Academic Research ist ein Imprint der Peter Lang GmbH.

Peter Lang – Frankfurt am Main · Bern · Bruxelles · New York ·
Oxford · Warszawa · Wien

Das Werk einschließlich aller seiner Teile ist urheberrechtlich
geschützt. Jede Verwertung außerhalb der engen Grenzen des
Urheberrechtsgesetzes ist ohne Zustimmung des Verlages
unzulässig und strafbar. Das gilt insbesondere für
Vervielfältigungen, Übersetzungen, Mikroverfilmungen und die
Einspeicherung und Verarbeitung in elektronischen Systemen.

Diese Publikation wurde begutachtet.

www.peterlang.com

Inhaltsverzeichnis

Vorwort 7

1 Die Holzplätze 9
   Königliche Porzellan-Manufaktur 13

2 Erste Besiedlung des Spreebogens 17
   Seegers Hof 17
   Hitzig, Pourtalès, Stoecker 22
   Langenbeck, Blumenthal, Delbrück, Arnheim 38

3 Urbanisierung im Umfeld 51
   In den Zelten 52
   Bettina von Arnim, Reinhardt, Brahm, Joachim, Hirschfeld ... 61
   Der Königsplatz 71
   Meyerbeer, Raczynski, Kroll 79

4 Berliner Stadtviertel mit Geburtswehen 93
   Der Widerstand der Holzhändler 95
   Ein Weinberg überquert die Spree 97
   Die Eisenbahn auf dem Spreebogen 104
   Die Brücken 107
   Das Alsenviertel 116

5 Vom Generalstab zum Reichsministerium 121
   Das Gebäude des Generalstabs 121
   Helmuth von Moltke 128
   Waldersee, Schlieffen, Moltke d. J. 131

Die „Stoeckerei" ... 135
Reichsinnenminister Frick ... 141

6 Adel und Bürgertum ... 145
„Barby", Carolath-Beuthen, Frerichs, Kunheim ... 149
Gilka, von Radziwill, von Ratibor, L'Arronge ... 160
von Camphausen, Spaeth, von Schleicher, von Mendelssohn-Bartholdy ... 165

7 Botschaften und Diplomaten ... 177
Berlins erstes Viertel für Botschaften ... 178
Norwegen ... 185
Dänemark ... 187
Österreich-Ungarn ... 190
Schweiz ... 195

8 Quartier für Parlament und Regierung ... 199
Der Plan des Albert Speer ... 199
Die Botschaften Dänemarks, Norwegens, Finnlands und der Schweiz ... 204
Sturm auf den Reichstag ... 208
An der Berliner Mauer ... 215
Bundeskanzleramt und Parlamentsgebäude ... 220

Literaturverzeichnis ... 229

Bildnachweis ... 233

Vorwort

Ohne die zahlreichen Berlinbesucher, die ihn täglich bevölkern, wäre der größte zugleich der langweiligste Platz der Hauptstadt. Die Rede ist von der unbebauten und weitgehend baumlosen Fläche zwischen Reichstag und Bundeskanzleramt, zwischen Sowjetischem Ehrenmal und Spreebogen.

Der Strom der Touristen verteilt sich indes sehr ungleichmäßig. Er konzentriert sich vor dem Reichstagsgebäude, das besichtigt werden kann. Viele Besucher interessieren sich auch für das schräg gegenüberliegende Bundeskanzleramt mit seiner umstrittenen, jedenfalls interessanten Architektur.

Wenig Beachtung findet hingegen das Gebäude daneben, die Schweizerische Botschaft. Aber gerade dieses Haus birgt ein Geheimnis! Es ist der letzte steinerne Zeuge eines noblen Berliner Quartiers, genannt Alsenviertel, das sich hier im Spreebogen erstreckte. Dem Botschaftsgebäude und dem Rasen dahinter kann man das Auf und Ab nicht ansehen, das dieses Areal in der Geschichte durchlebt hat – von tödlicher Starre bis zu höchster Belebung, und das in mehrfacher Abfolge!

Viele prominente Persönlichkeiten haben hier gewohnt und gewirkt: Minister, Generäle, hohe Beamte, ausländische Botschafter, Großgrundbesitzer, Unternehmer, Bankiers, Ärzte und Künstler. Hier befanden sich außerdem der kaiserliche Generalstab und Hitlers Innenministerium. Die Namen der Bewohner finden sich im Berliner Adressbuch. Aber erst viele weitere Quellen erhellen die bemerkenswerten, teilweise unbekannten wechselhaften Schicksale so mancher Prominenter:

Der Generalstabschef mit seinem Leitsatz „Genie ist Arbeit", die amerikanische Lady, die hier im Bund mit dem Domprediger versucht, den künftigen Kaiser für ihre politischen Ziele zu gewinnen, der Sohn des Reichskanzlers, der im Alsenviertel sein Lebensglück findet ... und später darauf verzichten muss, der Botschafter einer Großmacht, der nicht mit dem neumodischen Telefon umgehen kann, der NSDAP-Parteigenosse und Besitzer einer Baumschule, der im Konzentrationslager endet, der NS-Reichsinnenminister, der als oberster Schreibtischtäter durch seine „legalen" Maßnahmen Voraussetzungen dafür schafft, „artfremde" und „ungesunde" Elemente im deutschen Volk zu liquidieren, der Generalbauinspektor des

„Führers", der dem Alsenviertel im Zuge seines Plans einer Hauptstadt „Germania" bereits im Frieden den Todesstoß versetzt, der sowjetische Bataillonskommandeur, der sich hier von gefangenen Volkssturmmännern bestätigen lässt, dass das graue Gebäude da drüben der Reichstag ist und es in Berlin nur diesen einen Reichstag gibt. Weitere vielfältige Schicksale und Ereignisse reihen sich an.

Zu Unrecht ist das vom Spreebogen umschlossene Berliner Alsenviertel vergessen. Das Totgesagte lebt indes unter den Füßen der im Spreebogen-Park zum Hauptbahnhof Eilenden weiter.

1 Die Holzplätze

Wer sich vom Bundeskanzleramt aus zum Spreebogenpark wendet, stößt bald auf den wuchtigen Einschnitt, der die Rasenfläche teilt. Die von rostigen, meterhohen Stahlplatten flankierte Kerbe führt exakt zum Wendepunkt der großen Biegung, die die Spree hier beschreibt. Am Ende der Furche angelangt, steht man allerdings nicht am, sondern über dem Fluss. Gut fünf Meter beträgt der Höhenunterschied zum Wasserspiegel.

Die Kerbe im Rasen

Ein kreuzender, am Hochufer entlangführender Weg ist an dieser Stelle durch eine Art Podest unterbrochen, einen massiven, aus mächtigen Quadern zusammengefügten Block, der die schräg aufsteigende Ufermauer unterbricht. Er ähnelt dem Widerlager einer Brücke über die Spree, allerdings sucht man auf der gegenüberliegenden Seite vergeblich nach einer ähnlich gestalteten

Befestigung. Ausgerechnet dort fehlt sogar jegliche Uferbebauung. Denn an dieser Stelle beginnt der Kanal, der zum Humboldt-Hafen führt.

Podest diesseits und Kanalbrücke jenseits der Spree

Lässt schon das „Podest" den scharfblickenden Geschichtsinteressierten ratlos zurück, so wird die Verworrenheit der Situation durch das folgende Rätsel auf die Spitze getrieben. Alte kartografische Darstellungen zeigen nämlich einen schmalen Wasserlauf, der in der Nähe der Unterbaumbrücke (der heutigen Kronprinzenbrücke) die Spree verlässt, den derzeitigen Spreebogenpark an dessen Südrand quert und weiter westlich gegenüber dem Kurfürstenplatz (heute Zeltenplatz) wieder in den Fluss einmündet. Einen entsprechenden Hinweis findet man im Jahre 1786 auch bei Friedrich Nicolai, dem Nestor der Berlin-Topografie: „... gleich außer den Unterbaum, geht links ein Floßgraben aus der Spree, worüber hier eine kleine Brücke führt. Er fällt hinter dem Exerzierplatz (heute Platz der Republik – H. Z.) wieder in die Spree." (Friedrich Nicolai, Beschreibung der Residenzstadt Berlin, Berlin 1987, S. 176)

Wie passen Kartenbild und Beschreibung mit den heutigen, von mehrere Meter hohen Ufern gekennzeichneten Gegebenheiten zusammen? Wie kam es zu den offensichtlich gravierenden Veränderungen, die den Spreebogen umgeformt haben?

Spreebogen und Umgebung 1792. Ausschnitt aus dem Plan von Daniel Friedrich Sotzmann

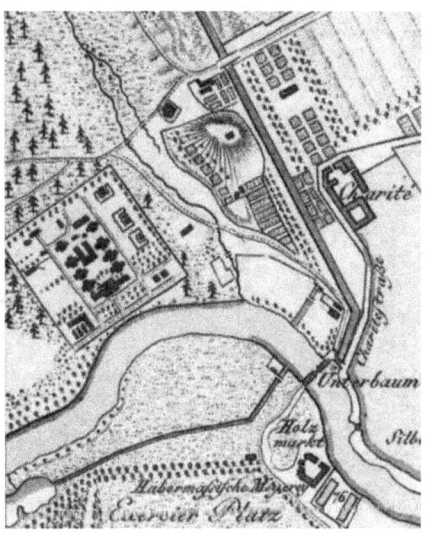

Ersten Aufschluss vermittelt eine Karte, angefertigt im Jahre 1792 von Daniel Friedrich Sotzmann. Sie zeigt am linken Rand einen – leider nur noch teilweise erfassten – langgestreckten Tümpel, wahrscheinlich den Rest eines toten Spreearms, der in Richtung Nordost mit einem Kanal verbunden ist. Nichts in der unmittelbaren Umgebung des Gewässers, die am ehesten an eine Wiese erinnert, deutet auf ein im Vergleich zum Kanal nennenswert höheres Geländeniveau hin, wie wir es heute vorfinden.

Anfang des 19. Jahrhunderts, in den Jahren 1807 bis 1809, wird der Kanal in seiner gesamten Länge verschalt, wodurch die Ränder des Tümpels verschwinden und ein das gesamte Areal durchquerendes Gewässer gleichbleibender Breite entsteht. Aber schon kurz danach, in den zwanziger Jahren, wird an der Unterbaumbrücke die Verbindung zur Spree zugeschüttet; es verbleibt ein langer Stichkanal. Zu diesem gesellt sich nach 1831 weiter nördlich eine zweite kürzere Wasser-Sackgasse, die mitten in der Spreebogenwiese endet. Beide Kanäle lässt eine Karte von Möllendorf aus Jahre 1838 gut erkennen.

Spreebogen und Umgebung 1838. Ausschnitt aus dem Plan W. v. Möllendorf

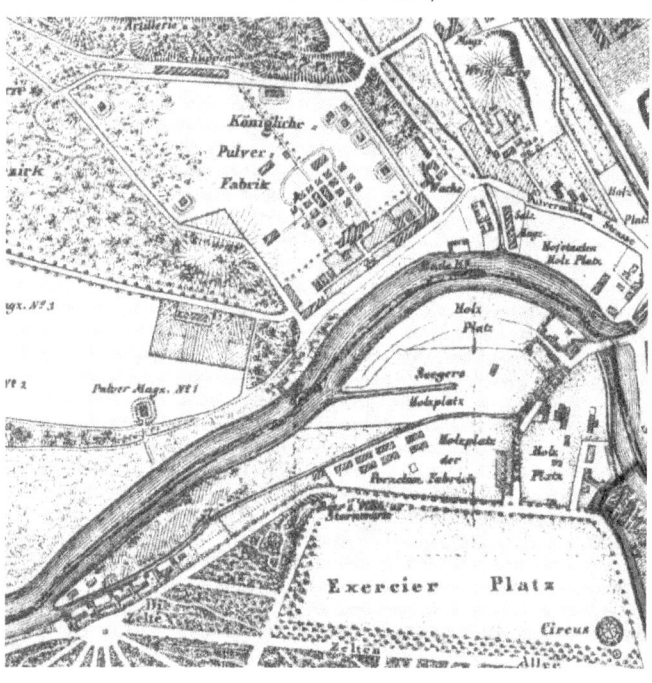

Der ältere, lange Zeit mit Ein- und Ausmündung versehene Kanal ist bereits auf einem Plan aus dem Jahre 1765 eingezeichnet; er trägt dort die Bezeichnung „Floß-Graben". Später tauchen die Namen „Porzellangraben" und „Tiergarten-Lanke" auf. Aber wie auch die Namen wechseln, die Aufgabe des Grabens bleibt unverändert: Holztransport zur Lagerung auf den beiderseitigen Wiesen.

Holz ist damals eine der wichtigsten Existenzgrundlagen der Gesellschaft. Es ist nahezu der einzige Energieträger zum Heizen bzw. Kochen, und auch als Baumaterial ist Holz unentbehrlich. Darüber hinaus wird es als Rohstoff für Chemikalien und Farben eingesetzt, beispielsweise die Rinde zum Gerben von Leder.

Holzplatz diesseits und Pulvermühlen jenseits der Spree

Die absolutistischen Herrscher erkennen frühzeitig die Schlüsselrolle dieses Naturrohstoffs. Vielerorts sichern sie sich für den Eigenverbrauch das alleinige Eigentum über die Forsten; zugleich kontrollieren sie damit den Einschlag und beherrschen den Verkauf bzw. die Versteigerung. Der preußische Staat legt ab 1773 unter König Friedrich II. systematisch Holzplätze und -märkte an, vereinzelt gibt es sie aber schon vorher. Auch der Magistrat von Berlin sowie – später – Private bewirtschaften Holzplätze bzw. -märkte. Die Holzlager befinden sich in und um Berlin wegen der Transportmöglichkeiten, aber auch angesichts der Feuergefahr durchweg am Ufer oder in unmittelbarer Nähe der Spree, später auch am Landwehrkanal.

Königliche Porzellan-Manufaktur

Einer der im Spreebogen angelegten Holzplätze dient der Belieferung der Königlichen Porzellan-Manufaktur mit Brennmaterial. Friedrich II. erwirbt im Jahre 1763 die erst zwei Jahre zuvor vom Berliner Kaufmann Johann Ernst Gotzkowsky in der Leipziger Straße 4 aufgebaute Produktionsstätte und wandelt die Porzellanherstellung in ein Monopol des Königs um. Zwangsmaßnahmen, wie ein Einfuhrverbot ausländischer Porzellane, kurbeln den Absatz ebenso an wie die Weisung an Unternehmer der Lotterie, jährlich für 10.000 Taler Porzellan abzunehmen und im Ausland zu abzusetzen. Juden erhalten die Auflage, für die Genehmigung ihrer Ansiedlung oder bei einer Heirat Porzellan im Werte von 300 Taler zu erwerben und außerhalb von

Preußen zu verkaufen. Später, nach der Einführung der Gewerbefreiheit im Jahre 1807 muss sich die Fabrik uneingeschränkt dem Wettbewerb stellen, was ihr durch ständige Produktivitäts- und Sortimentssteigerungen gut gelingt. In den dreißiger Jahren des 19. Jahrhunderts kommt sie auf ca. 500 Beschäftigte.

Das Brennen von Porzellan benötigt hohe Temperaturen; die Öfen verbrauchen jährlich mehrere hundert Stapel Holz. Auf dem Hof der Manufaktur liegen daher ständig große Mengen des herantransportierten Brennmaterials. Der siebzehnjährige Eduard Gaertner, der hier seine Lehrzeit als Porzellanmaler verbringt, hält diese Situation in einem Gemälde aus dem Jahre 1818 fest. Zu diesem Zeitpunkt ist die Porzellanmanufaktur samt Holzplatz bereits seit neun Jahren verstaatlicht. Die Bezeichnung „Königlich" hat sich indes bis heute erhalten.

Hof der Königlichen Porzellan-Manufaktur in Berlin, Leipziger Straße.
Eduard Gaertner 1818

Der Holzplatz der Königlichen Manufaktur befindet sich südlich vom Porzellangraben. Nördlich davon, rings um den kleinen Stichkanal und im Westen bis an die Einmündung des Porzellangrabens reichend, liegt der Holzplatz von Seeger, der darüber hinaus auch am rechten Spreeufer Terrain besitzt und über demselben, direkt in der Krümmung der Spree, der Kamp(f)meyersche Holzplatz. Alle drei Plätze enden im Osten an der Schiffer- (später Roon-, heute Konrad-Adenauer-Straße), die vom Unterbaum zum Exerzierplatz führt und lange Zeit der einzige auf dem Spreebogengelände verlaufende Weg ist.

Hier, an der Schifferstraße, die ihren Namen seit 1835 trägt, befinden sich auf der westlichen Seite, also unmittelbar an den Holzplätzen, einige kleinere Häuser. Im Jahre 1845 beträgt ihre Anzahl sieben, von denen jedes zwischen einem und maximal fünf Mietern beherbergt. Die Unterkünfte bieten zumeist nur ein Minimum an Wohnmöglichkeit und -komfort für Diejenigen, die vor Ort direkt mit dem Holzverkauf oder auch mit dem Transport auf dem Wasser zu tun haben.

Der Eigentümer des nördlichsten Holzplatzes, Kampmeyer, wohnt hier in Nr. 2, auf seinem Grundstück. Dem Holzhändler Seeger gehört das Haus Nr. 4. Darüber hinaus logieren hier mehrere sogenannte Holzanweiser oder Holzinspektoren, zuständig für die großen Lagerplätze und Märkte, die sich hinter den Gebäuden bis an das Spreeufer erstrecken. Auch Mieter mit Berufen wie Schiffseigner, Schiffer, Fischer und Schankwirt zeugen von einer Konzentration von Menschen mit stark ortsgebundenen Tätigkeiten, wovon auch der Straßenname zeugt. Einige weitere Mieter mit ortsfremden Berufen vervollständigen das Bild. Die Häuser werden im Laufe der sechziger Jahre abgetragen; im Jahre 1871 existiert nur noch ein einziges.

2 Erste Besiedlung des Spreebogens

Die alte Schiffer- und spätere Roonstraße bleibt jahrhundertelang die westliche Grenze der Besiedlung des Spreebogens. Während in diesem Ostteil des Halbrunds über die Zeiten hinweg Altes verschwindet, Neues entsteht, geschieht westlich der Straße nichts; die Holzplätze bleiben Holzplätze. Erst im Verlauf der siebziger Jahre des neunzehnten Jahrhunderts setzten dort Veränderungen ein. Warum so spät? Warum bleibt die Besiedlung für so lange Zeit auf den Osten beschränkt?

In diesem Kapitel geht es um die Urbanisierung dieses Ost-Teils des Spreebogens. Die Darstellung erstreckt sich bis in das 20. Jahrhundert hinein. Dass im letzten Viertel des 19. Jahrhunderts das Leben auch im mittleren und westlichen Bogen einzieht, wird hier nicht berücksichtigt; unbeantwortet bleibt vorerst auch die Frage nach den Ursachen dieser Verzögerung.

Östlich der Schifferstraße, später Roon-, heute Konrad-Adenauer-Straße, befindet sich zuerst nur ein landwirtschaftliches Gut, damals zumeist als Vorwerk bezeichnet. Kurfürst Joachim Friedrich hatte es im Jahre 1604 seiner Gemahlin Eleonora verliehen. Die Gebäude der „Habermaßischen Meierei" – so die spätere Bezeichnung – sind lange Zeit die ersten Häuser im Spreebogen. Zu ihnen gesellt sich nur ein 1656 vom Großen Kurfürsten Friedrich Wilhelm angelegter Holzplatz. Die seit 1735 vom Brandenburger Tor zum Unterbaum, dem Vorgänger der heutigen Kronprinzenbrücke, verlaufende Akzisemauer ist so angelegt, dass Vorwerk und Holzplatz dicht außerhalb der Stadt liegen. Heute würde die Meierei die unmittelbare nördliche Nachbarschaft zum Reichstagsgebäude bilden.

Seegers Hof

Gegen Ende des 18. Jahrhunderts weicht die Landwirtschaft dieser Gegend neuen Gewerbezweigen. Nach einem Intermezzo als Kaffeegarten stehen die weiteren Umgestaltungen unter maßgeblichen Einfluss des Unternehmers Carl Heinrich Seeger. Dieser ist Brennholzhändler; sein großer Lagerplatz befindet auf der westlichen Seite der Schifferstraße. Der Name C. H. Seeger, Kaufmann, taucht im Berliner Adressbuch erstmalig im Jahre 1825 auf. Die ab Mitte der dreißiger Jahre ausführlicher werdenden Angaben dieses Nachschlagewerks verweisen auf die attraktiv gelegenen Wohnungen Seegers – Unter den Linden 32 und Rosmarinstraße 1 – und darauf, dass der Unternehmer nicht nur Eigentümer des Holzplatzes Schifferstraße 4, sondern darüber hinaus Pächter eines entsprechenden Marktes in der Holzstraße 10 (vermutlich die spätere Holzmarktstraße) ist.

Die Geschäfte scheinen gut zu laufen, und Carl Heinrich Seeger sieht sich nach einer zusätzlichen, zukunftsträchtigen Kapitalanlage um. Frühzeitig erkennt er, dass das Pferd nunmehr, im Zeitalter des Biedermeier, eine zusätzliche Verwendung erfährt. Es wird nicht mehr nur als Gebrauchsgegenstand genutzt, der seinen Reiter von Ort zu Ort transportiert oder den Husaren ins Gefecht trägt. Es ist nun auch ein moderner Luxusartikel. Das Bild des berittenen Flaneurs kommt auf. Der morgendliche Ausritt im Tiergarten gehört zum Wohlbefinden wie zum Prestige – und zwar nicht mehr nur des uniformierten oder zivilen Adeligen sondern auch des reich und selbstbewusst gewordenen Bürgers. Offiziere wie Philister führen im Tiergarten an schönen Sommertagen am Sattelknopf kleine Sträußchen zu einem oder zwei Silbergroschen mit sich, um sie in den Schoß der Schönen zu werfen, die unter den Wolken ihrer Kleider die Fonds der Equipagen belegen. Die Bilder des Berliner Malers Franz Krüger, der sich gerne „Pferde-Krüger" nennen lässt, zeugen von diesem Wertewandel des edlen Tieres.

Selbstporträt zu Pferde. Lithografie von Franz Krüger. Frühe dreißiger Jahre

Das Sportvergnügen setzt einen neuen Geschäftszweig voraus, Reitbahnen. Neben der Königlichen Reitbahn im Marstall, Breite Straße 36 und 37, in der für den König Pferde zugeritten werden, wo die Stallmeister aber auch Unterricht erteilen, neben mehreren militärischen entstehen nun auch private Reitbahnen. Im Jahre 1840 werden sieben solcher Etablissements gezählt.

Reiter bei ihrer Rückkehr vom Tiergarten vor der Siegessäule auf dem Königsplatz. 1912

Carl Heinrich Seeger gehört zu den bekanntesten Privaten. Ohne seinen großen Holzmarkt westlich der Schifferstraße aufzugeben, erwerben er bzw. Verwandte von ihm um 1835 große Teile des alten Geländes der Meierei und errichten dort ihre Reitbahn. Bald bürgert sich für die Habermaßische Meierei die Ortsbezeichnung „Seeger(s)hof im Thiergarten vor dem Brandenburger Thore" ein. Unter dieser Adresse werden im Jahre 1845 aufgeführt: H. F. Seeger, Kaufmann; J. F. Seeger, Stallmeister und außerdem Eigentümer einer Reitbahn in der Dorotheenstraße 11; C. Seeger, Stallmeister; L. Seeger, konzessionierter Tierarzt und Reitlehrer.

Vom Jahre 1853 an wird „Seegerhof" offiziell als Straße geführt. Als Namen der Eigentümer von Nr. 3 der insgesamt neun parzellierten Grundstücke dieser Sackgasse sind L. Seeger und als Geschäftsführer C. Seeger ausgewiesen. In den fünfziger und sechziger Jahren entstehen entlang dieser Straße in rascher Abfolge neue Gebäude, zumeist Mehrfamilienhäuser. Dennoch verbleiben noch lange Zeit Relikte aus alten Zeiten. Als ab 1865 die Akzisemauer entfernt wird, behindert der Pächter des Magistrats-Holzplatzes den termingemäßen Abbruch, weil er die inzwischen nutzlos gewordene Mauer als Schutz und Abstützung seiner aufgeschichteten Ware nutzt. Noch am 16. Dezember 1869 beschäftigt sich die Stadtverordnetenversammlung mit diesem 92 Fuß (29 Meter) langen Mauersegment. Der Holzplatz hält sich bis in die siebziger Jahre. Verbliebene Reste des alten Seegerhofs erinnern sogar noch bis zum Jahre 1882 an den Ort der historisch ersten Gebäulichkeiten des Spreebogens.

General von Hindersin

Ab 22. April 1872 erhält die Straße Seegerhof einen neuen Namen. Sie erinnert nun an den Anfang des gleichen Jahres verstorbenen Gustav Eduard von Hindersin, (geb. 1804), Nachfahre einer schottisch – ostpreußischen Familie (Henderson), in den vierziger Jahren mehrfach in den Großen Generalstab und 1866 in das Hauptquartier des Königs kommandiert, an der Niederschlagung des badischen Aufstands nach der Revolution 1848 beteiligt, General der Infanterie und Generalinspektor der Artillerie, aktiver Teilnehmer an den Einigungskriegen 1864 und 1870/71, im Jahre 1865 geadelt. Hindersin bezieht im Jahre 1870 eine Wohnung im Haus Seegerhof 4a.

Grabmal Gustav Eduard von Hindersin, Invalidenfriedhof, Berlin-Mitte. Erinnerungsstein von 2011

Im Unterschied zur damaligen Sackgasse Seegerhof zieht sich die Hindersinstraße durch, nach heutiger Topografie beginnend an der Paul-Löbe-Allee, quer mitten durch das gleichnamige Gebäude des Deutschen Bundestags und am östlichen Rand der Bundestag-Kindertagesstätte das Ludwig-Erhard-Ufer, weniger Meter von der Kronprinzenbrücke entfernt, erreichend.

Diese Bauten, wie auch die neuen Straßennamen, entstehen zwar erst nach der deutschen Wiedervereinigung. Die alte Hindersinstraße wird indes bereits im Jahre 1972 – da inzwischen längst ohne jegliche Bebauung – eingezogen.

Hitzig, Pourtalès, Stoecker

Zu den ersten Architekten, die für den östlichen Spreebogen Aufträge ausführen, gehört Friedrich Hitzig. Er ist der Urenkel von Daniel Itzig, dem Bankier Friedrichs II. Neben Stüler und Persius zählt er zu den bedeutendsten Schülern Schinkels. Über dessen klassizistischen Stil geht Hitzig hinaus und bringt Elemente der Renaissance ein. Besonders augenscheinlich wird dies an den Erscheinungsbildern seiner Großbauten, der Börse in der Burgstraße und des Reichbankgebäudes im Friedrichswerder, die beide dem Zweiten Weltkrieg zum Opfer fallen. Von Hitzig stammt auch die Markthalle am Schiffbauerdamm, die später mehrere Umbauten vom Zirkus über die Reinhardt-Bühne bis zum Revuetheater Alter Friedrichstadtpalast erfährt und ab 1985 abgebrochen werden muss.

Palais Hitzig am Exerzierplatz, spätere Adresse Königsplatz 3 Ecke Hindersinstraße 9

Der Architekt entwirft überdies ab 1838 ungefähr vierzig Stadthäuser und Villen im Tiergartenviertel sowie im Spreebogen. Sein eigenes Haus bezieht der bis dahin in der Lennéstraße Wohnende im Jahre 1848. Das Bauwerk, dessen Fassade belebende Vorbauten, Erker und Balkone zieren, steht an der Ecke Exerzierplatz-Seegerhof, später Königsplatz-Hindersinstraße.

Hitzig bewohnt die größere, südlich der Durchfahrt liegende Seite des Erdgeschosses mit Blick auf den Königsplatz. Insgesamt elf Räume stehen der Familie zur Verfügung: Vorzimmer, Fremdenzimmer, Zimmer des Herrn, Schlafzimmer, zwei Kinderzimmer, Boudoir, Zimmer der Dame, Saal, Büffet und das Spindzimmer mit der Treppe zur Küche.

Erdgeschoss des Wohnhauses von F. Hitzig, Hinderinstraße Ecke Königsplatz

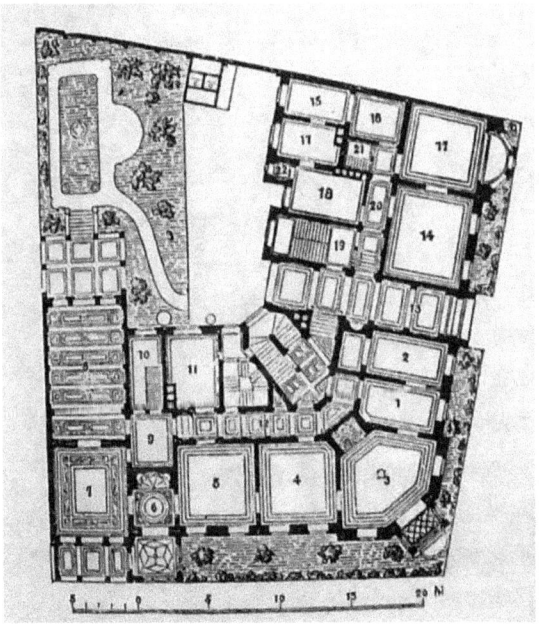

Sieben weitere Mieter belegen die drei Etagen und die kleinere, mit einem Alkoven ausgestattete Erdgeschosswohnung jenseits der Durchfahrt. Jedes Stockwerk kann man als eine große Wohnung verwenden, es lassen sich aber auch zwei bis drei kleinere Quartiere einrichten.

Mausoleum Hitzig von Gustav Louis Ende 1882. Dorotheenstädtischer Friedhof, Berlin-Mitte

Auch nach dem Ableben von Friedrich Hitzig verbleibt seine Witwe im Haus. Sie stirbt im Jahre 1900. Das Hauseigentum geht an den Rentier R. Bernstein über, der in der Roonstraße 4 wohnt.

Auch das gegenüberliegende Eckgrundstück Seegerhof 1, nach 1865 Königsplatz 4 Ecke Hindersinstraße 10 wird nach den Plänen von Hitzig bebaut. Die vorstädtische Villa, ein Putzbau in Neorenaissance, die sich später in unmittelbarer nördlicher Nachbarschaft zum Reichstagsgebäude wiederfindet, wird im Jahre 1852 fertiggestellt.

Palais Pourtalès, Königsplatz 4

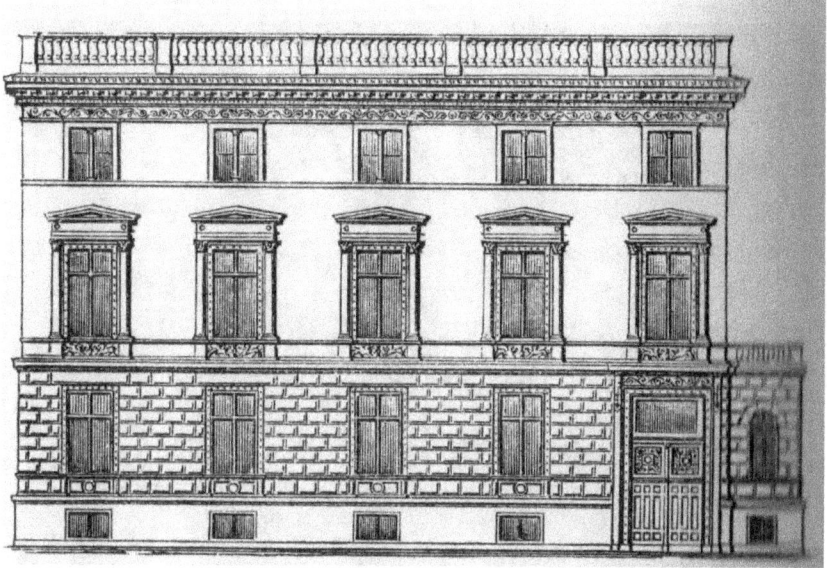

Eigentümer ist Friedrich Graf Pourtalès und nach dessen Tod im Jahre 1861 sein Sohn Wilhelm, Hofzeremonienmeister, Kammerherr und Rittergutsbesitzer. Das Geschlecht der Pourtalès geht auf eine Hugenottenfamilie zurück, die in das preußische Neuenburg (Schweiz) geflohen ist. Von Friedrich II. wird sie im Jahre 1750 geadelt und 1815 durch Friedrich Wilhelm III. in den preußischen Grafenstand erhoben.

Familienwappen am Grabmal Wilhelm von Pourtalès, Dorotheenstädtischer Friedhof

Nach „Berlin und seine Bauten", herausgegeben vom Architekten-Verein zu Berlin, wurde bei diesem Gebäude „... auf die eigenartige Entwickelung des Grundrisses und die künstlerische Durchbildung des Innenbaues ein besonderes Gewicht gelegt." Während sich im Erdgeschoss Schlafzimmer, Kinderstuben, Toilettenräume, Bad, Remise, Wohnräume des Personals und der Pferdestall befinden, sind im ersten Stock die Wohn- und Gesellschaftsräume „in sehr opulenter Anordnung und besonders anmuthiger Verbindung der Festräume mit Treppenhaus einerseits und Wintergarten andererseits"

hervorzuheben. Das Haus verfügt über „Luftheizung", und jeder Salon hat überdies einen Kamin. (Architekten-Verein zu Berlin und Vereinigung Berliner Architekten (Hrsg.), Berlin und seine Bauten, Berlin 1877, II, S. 407).

Dreiundzwanzig Jahre bleibt das Palais im Eigentum der Grafen. Dann, im Jahre 1875, kauft es Hugo I. Pringsheim. Der evangelische Nachfahre einer bekannten, aus Schlesien stammenden jüdisch-deutschen Familie ist Bankier und Eisenbahnunternehmer. In der Nähe von Oppeln besitzt er ein Rittergut. Sein Vermögen erreicht zur Jahrhundertwende fünf Millionen Mark. Die Familie Pringsheim verkehrt in den ersten Gesellschaftskreisen und genießt hohes Ansehen.

Pringsheim lässt das Palais im gleichen Stil erweitern und richtet es wahrhaft fürstlich ein – nicht der erste Fall, dass im Ostteil des Spreebogens Gebäude, obwohl architektonisch kostbar und von vergleichsweise geringem Alter, den Anforderungen des neuen Eigentümers bereits nicht mehr genügen und außen wie innen verändert werden, während auf dem Gelände wenige Schritte weiter westlich selbst die Erstbebauung noch immer auf sich warten lässt.

Im Jahre 1912 mietet die japanische Regierung die prachtvollen Räume des im Eigentum der Pringsheim-Erben verbliebenen Palais' Königsplatz 4 für ihre Botschaft im Deutschen Reich. Erster außerordentlicher und bevollmächtigter Botschafter vor Ort ist Herr R. Soughimoura.

Nach dem Umzug der Botschaft in die Tiergartenstraße 1937 (dem 1942 eine weitere Ortsveränderung in die heutige Hiroshimastraße folgt), wandeln die NS-Machthaber das enteignete Gebäude in ein „Haus der Kunst" um. Hier eröffnet am 27. Februar 1938, aus München kommend, die Wanderausstellung „Entartete Kunst". Gezeigt werden 730 aus Sammlungen, Museen und Galerien entnommene Werke von 112 Künstlern, darunter von Ernst Barlach, Paul Klee, Emil Nolte, Otto Dix, Oskar Kokoschka, Max Ernst, Wassily Kandinsky, Oskar Schlemmer u. v. a. Obwohl die Exponate unterschiedlichste künstlerische Richtungen vertreten, ist ihnen gemeinsam, dass sie dem gleichgeschalteten nationalsozialistischen Kunstbegriff widersprechen. Die Werke wandern schließlich auf den Scheiterhaufen, werden im Ausland verkauft oder gehen billig an den Kunsthandel.

Palais Pourtalès, Wanderausstellung Entartete Kunst. 1938

Auch das Haus selbst wird bald Opfer nationalsozialistischen Größenwahns (s. weiter unten). Neun Jahrzehnte waren ihm vergönnt, und niemand konnte sein außerordentlich wechselhaftes Schicksal voraussehen; am wenigsten seine Väter Hitzig und Pourtalès, die einträchtig an der Chausseestraße auf dem Dorotheenstädtisch-Friedrichswerderschen Friedhof ruhen.

In mindestens zwei Fällen treten auf dem Gelände zwischen Ostseite der Roonstraße und dem späteren Reichstagsufer Personen auf, denen mehrere Grundstücke gehören.

Über zwei Häuser verfügt der Geheime Oberregierungsrat von Gräfe (nicht zu verwechseln mit dem berühmten Augenarzt Albrecht von Graefe). Seine benachbarten Häuser 4a und 5 der Hindersinstraße bewohnen zwölf bzw. fünf Mieter. Auch in den Jahren vor dem Ersten Weltkrieg sind die von Gräfeschen Erben weiterhin Besitzer der – zwischenzeitlich neu nummerierten – Häuser 5 und 6.

Darüber hinaus ist das im Jahre 1860 erbaute Haus Roonstraße 9 vorübergehend Gräfesches Eigentum. Dort verbringt Helene von Nostitz, geborene von Beneckendorff und von Hindenburg in den achtziger Jahren ihre Kindheit und erlebt, wie der Adel im heimischen Salon noch streng unter sich bleibt (während das Haus inzwischen dem jüdischen Bankier Lion gehört):

„Wir wohnten im Hause Roonstraße 9. Sein früherer Besitzer ... hatte es mit vielem Aufwand ausgestattet; eine prächtige Marmortreppe führte zu unserem zweiten Stockwerk hinauf; und in diesem befand sich auch ein geräumiger Saal, der aber nicht in ‚kalter Pracht' auf Benutzung bei besonders festlichen Gelegenheiten wartete, sondern mit Hilfe der Rosenholz- und Damastmöbel meiner Mutter zu einem schönen und bequemen Wohn- und Musikraum gestaltet war und als solcher den Mittelpunkt sowohl unseres täglichen Lebens wie auch einer angeregten Geselligkeit bildete. Namentlich musikalische Veranstaltungen, bei denen meist auch die schöne Singstimme meiner Mutter erklang, vereinigten hier einen weiteren Kreis von Freunden und Bekannten. Um meinen Vater gruppierten sich die besten Vertreter des preußischen Offizierskorps, zu denen er selbst und viele unserer Verwandten, wie der spätere General von Fabeck und seine Brüder, gehörten. Auch Paul von Hindenburg, der Vetter meines Vaters, erschien zuweilen. Ab und zu kamen auch Jagdfreunde, wie der Oberjägermeister von Heintze, ostpreußische und schlesische Großgrundbesitzer, wie Fürst Dohna oder Prinz Biron von Kurland, und viele andere mehr. Auch die Politik spielte eine Rolle, und das namentlich während der Sessionen des Herrenhauses. Mein Großvater, der Botschafter Graf Münster (später Fürst Münster von Derneburg), pflegte dazu von Paris herüberzukommen und dann in unserem Haus zu wohnen." (Helene von Nostitz, Berlin Erinnerung und Gegenwart, Leipzig, Berlin 1938, S. 173)

Alsenviertel 1910

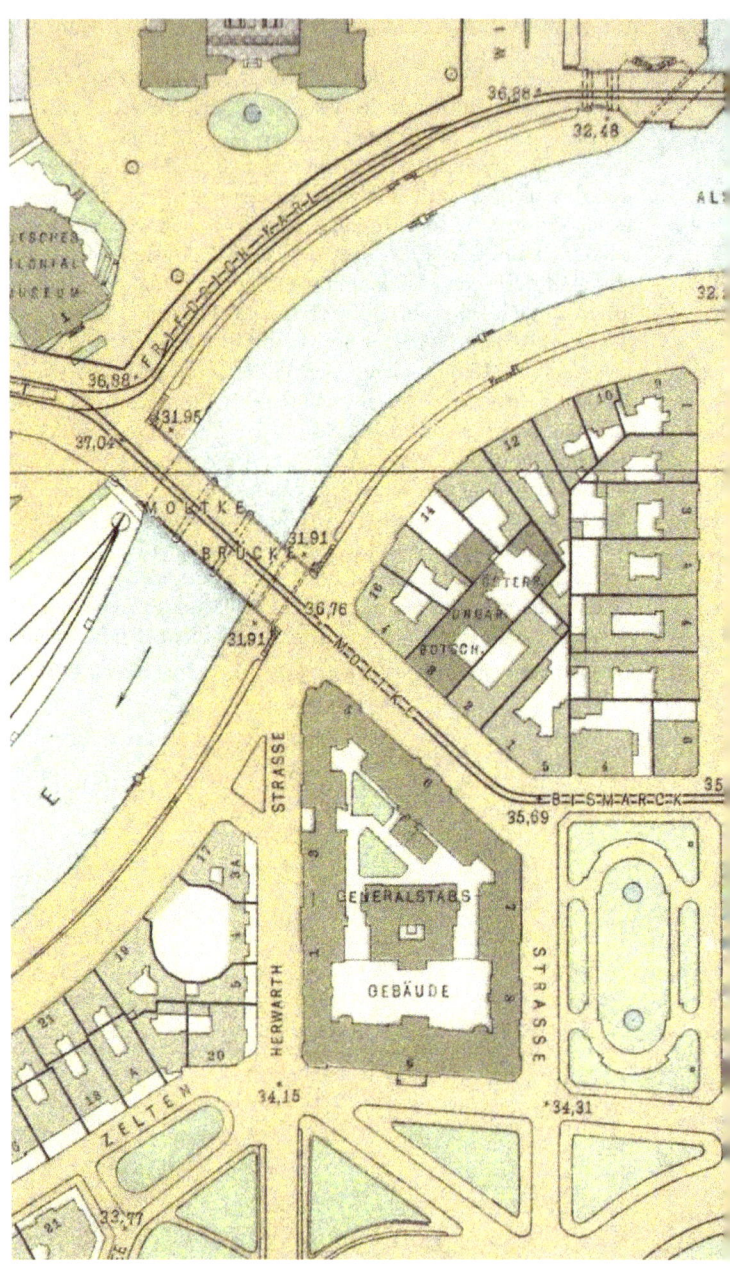

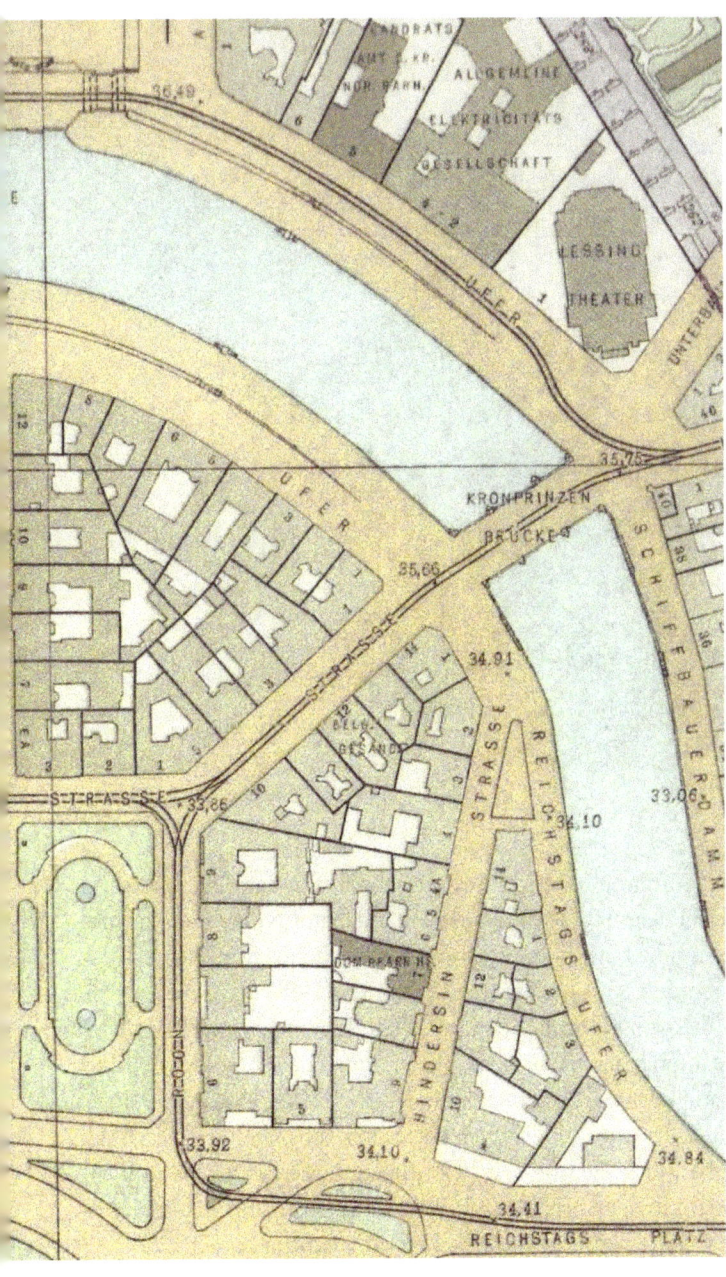

Hindersinstraße, Westseite Nr. 5–6 (von rechts). Um 1935

Der Bankier und Kaufmann M. Simonsohn, wohnhaft in der Bellevuestraße, ist Eigentümer des Hauses Hindersinstraße 2, danach auf Nr. 12 neu nummeriert. Später übernimmt bzw. bebaut er weitere, benachbarte Grundstücke. Schließlich gehören den Simonsohnschen Erben um 1890 insgesamt sieben Häuser, nämlich die großen fünfstöckigen Gebäude Hindersinstraße 11 bis 14 und Reichstagsufer 1 bis 3. Das sind alle zwischen diesen beiden Straßen liegenden Grundstücke mit Ausnahme des Palais Pourtalès, nunmehr Pringsheim. Die Bewohner des attraktiven, nach drei Seiten freistehenden Gebäudes Hindersinstraße 14 mit seinen beiden Eckkuppeln haben den Blick auf die Spree und einen dreiseitigen namenlosen Platz, der unbebaut geblieben ist und den Übergang des Kronprinzen- zum Reichstagsufer darstellt.

Reichtagsufer 1–3. Um 1930

Kronprinzenbrücke und -ufer, Roonstraße. Links Hindersinstraße und Reichstagsufer. Um 1905

Kronprinzenbrücke und Konrad-Adenauer-Straße

Damit überwiegt im Ostteil des Spreebogens, jedenfalls an der Hindersinstraße und am Reichstagsufer das Mietshaus, das erst vergleichsweise spät, in den achtziger Jahren, nach der endgültigen Beseitigung der Seegerschen Reitanlagen und der letzten Reste des Magistratsholzplatzes entsteht.

Es handelt sich aber nicht um die typische Mietskaserne mit Seitenflügeln und Quergebäude, wie man sie zu dieser Zeit, in der sich die Berliner Bevölkerung zwischen 1877 und 1905 von einer auf zwei Millionen Menschen verdoppelt, massenhaft errichtet. Das zeigt sich auch im sozialen Bild der Bewohnerschaft, das kaum Arbeiter oder Angestellte einerseits, aber auch wenige Vertreter weit überdurchschnittlicher Einkommen andererseits ausweist. Es dominieren Berufe wie Kaufmann, Referendar, Rechtsanwalt, Arzt, Schauspieler, Offizier, Fuhrherr oder Rentner.

Hindersinstraße 4. Um 1935

Überwiegend gehobenes soziales Milieu, erkennbar auch am Vorhandensein eines Portiers, zeigt das oben erwähnte Haus am Königsplatz, das Friedrich Hitzig gehört: Privatdozent, drei Pensionäre, zwei Kaufleute, Maler, Legationsrat a. D., Geheimer Medizinalrat, Schuhmacher, Beamter.

Von vornherein hochherrschaftlich geht es im Haus Königsplatz 5 zu. Es gehört den Gräfinnen von Reventlow-Altenhof und von Radowitz, geborene Gräfin von Voß, verwitwete Generalleutnant. Neben letzterer (und dem Portier) wohnen hier ein Königlicher Kammerherr, ein Kreisgerichtsrat a. D., eine Rentiere, ein Professor Dr. und die Witwe eines Gymnasialdirektors.

Robert Lucius von Ballhausen

Dieses Haus erwirbt später Robert Lucius von Ballhausen, Freiherr, Doktor der Medizin, Minister. Lucius, der einem angesehenen Thüringer Bürgergeschlecht entstammt, verdingt sich zunächst als Schiffsarzt. Dann nimmt er als Leutnant an den drei Einigungskriegen 1864, 1866 und 1870/71 teil. Danach schlägt er die parlamentarische Laufbahn ein und ist zwischen 1871 und 1881 Mitglied des Reichstags. Der enge Freund Bismarcks gilt als dessen Sprachrohr. Höhepunkt seiner Karriere ist die Berufung zum preußischen Landwirtschaftsminister, ein Amt, das er elf Jahre, bis 1890 bekleidet. Im Jahre 1895 wird er Mitglied des preußischen Herrenhauses. Nach seinem Tod 1914 verbleibt das Haus Ballhausens im Eigentum der Erben.

Langjähriger Eigentümer und auch Erbauer des Hauses Hindersinstraße 6 (später 7), das ab 1861 bezogen wird, ist die Berliner Domkirche. Als erster Bewohner, später auch als Verwalter tritt Wilhelm von Hengstenberg auf, der zum Höhepunkt seiner Karriere die Titel Oberhofprediger, Domprediger und Stiftsprobst führen wird. Schon Ende der vierziger Jahre hatte er sich – damals noch Dom-Hilfsprediger – nebenan in der Schifferstraße eingemietet. Zwei entfernte Verwandte bzw. deren Witwen besitzen übrigens zwei Grundstücke in der Schifferstraße. Eigentümer von Nr. 7 ist Ernst Wilhelm Hengstenberg, Theologe, Dr. phil., Professor an der Berliner Friedrich-Wilhelms-Universität, einem Konsistorialrat Hengstenberg gehört das ebenfalls im Jahre 1847 erbaute Wohnhaus Nr. 8. Die beiden auf Entwürfe von Friedrich Hitzig zurückgehenden Häuser sind die ersten Bauwerke auf der Ostseite der Schifferstraße; vier Jahre später entsteht des bombastische Nachbar-Eckgebäude Schifferstraße 6, das dann in den Jahren vor dem Ersten Weltkrieg, wie auch das Hengstenberg-Anwesen Nr. 7 in das Eigentum der Schultheiss-Brauerei gelangt.

Wohnhaus Hengstenberg von F. Hitzig, ausgeführt 1847. Roonstraße 8

Im Haus der Domkirche, Hindersinstraße 7, sind in der Regel drei der vier Wohnungen von Dom-Predigern belegt. Der prominenteste unter ihnen ist fraglos der Hof- und Domprediger Adolf Stoecker, der hier im Jahre 1874 einzieht und dieses Quartier verlässt, als er 1890 abberufen wird.

Adolf Stoecker

Stoecker ist 1878 Gründer der Deutsch-Sozialen Arbeiterpartei, die sich drei Jahre später in Deutsch-Soziale Partei umbenennt. Die Deutsch-Sozialen streben einen autoritären christlich-deutschen Ständestaat an. Durch Sozialreformen wollen sie die Lage der Arbeitenden dauerhaft verbessern. Kapitalismus, Liberalismus und Sozialismus werden von ihnen als jüdische Schöpfungen bekämpft. Stoecker betrachtet sich als Vater der modernen antisemitischen Bewegung. Durch stetigen Kontakt mit Persönlichkeiten höchsten Ranges geht Stoeckers Einfluss weit über denjenigen seiner Partei, einer politischen Splittergruppe, hinaus (vgl. weiter unten).

Langenbeck, Blumenthal, Delbrück, Arnheim

In der Schifferstraße beginnt die neue Bebauung an der Ostseite im Jahre 1847. An der Westseite, wo vorerst noch die überwiegend kleinen Holzhändler- und Schifferhäuser stehen, setzt sie erst gut zwei Jahrzehnte später ein.

Ihren Namen trägt diese Straße bis zum 9. Januar 1867. Tags darauf wird sie in Roonstraße umgetauft. Generalfeldmarschall Albrecht Theodor Emil

Graf von Roon (1803–1879), der Nachkomme einer aus den Niederlanden zugewanderten Kaufmannsfamilie ist zwischen 1859 und 1873 preußischer Kriegsminister und kurzfristig auch Ministerpräsident; er wird 1871 geadelt. Mit seiner Heeresreform schafft Roon die organisatorischen Voraussetzungen für den siegreichen Verlauf der Einigungskriege 1864, 1866 und 1870/71. „Der Krieg mit Frankreich trifft uns nicht unvorbereitet", äußert er gelegentlich gegenüber Hedwig von Bismarck, die ihn auch als Menschen sehr zu schätzen lernt. (Hedwig von Bismarck, Erinnerungen aus dem Leben einer 95jährigen, Berlin 2013, S. 81, 89–92). Roon ist einer der wichtigsten Verbündeten Bismarcks bei dessen Bemühungen um die Vereinigung der deutschen Staaten. – Die Roonstraße wird am 11. April 1978 eingezogen und zwanzig Jahre später, am 16. Januar 1998 als Konrad-Adenauer-Straße reaktiviert.

Das Haus Roonstraße 6 Ecke Königsplatz, erbaut 1852. Um 1900

Einer der ersten prominenten Bewohner der Schifferstraßen-Ostseite ist der Mediziner Bernhard Rudolf Konrad von Langenbeck, der in den Jahren

1854 bis 1856 im Haus Nr. 6, später in der Roonstraße 2 wohnt – immer in unmittelbarer Nähe zu seiner Wirkungsstätte.

Rudolf Konrad Bernhard von Langenbeck. Langenbeck-Virchow-Haus, Luisenstraße 59

Der Pastorensohn studiert in Göttingen und erhält für seine Arbeiten über die Netzhaut des Auges ein Stipendium, das ihm eine Studienreise durch mehrere Länder Westeuropas ermöglicht. Seit 1842 ist Langenbeck Ordinarius für Chirurgie an der Christian-Albrechts-Universität zu Kiel.

Am 13. Mai 1848 übernimmt er die Chirurgie an der Berliner Charité. Unter seiner Leitung, die bis 1882 währt, wird die Charité zum Zentrum der Chirurgie Europas. In den Jahren 1866/67 ist er Rektor der Friedrich-Wilhelms-Universität zu Berlin. Langenbeck gründet 1872 die Deutsche Gesellschaft für Chirurgie und bereits 1860 zusammen mit dem Pathologen Rudolf Virchow und dem Augenarzt Albrecht von Graefe zwecks Zusammenführung der medizinischen Fachrichtungen die Berliner Medizinische Gesellschaft. Auf ihn gehen verschiedene medizinische Instrumente sowie Methoden der plastischen und Gelenkchirurgie zurück. Langenbeck nimmt als hoher Sanitätsoffizier an allen Einigungskriegen teil und bemüht sich um eine bessere Versorgung der Verwundeten. Er stirbt im Jahre 1887. Sein Ehrengrab befindet sich auf dem Berliner Alten St.-Matthäus-Kirchhof.

Auch andere Charitéärzte lassen sich in der nahegelegenen Wohngegend nieder, unter ihnen der berühmte Arzt und Geburtshelfer Adolf Gusserow, der um das Jahr 1900 im Haus Roonstraße 4 wohnt.

Roonstraße, Ostseite Nr. 6–8 (von rechts). Um 1900

Den wohl kürzesten Weg zur Wohnung hat der Direktor des Lessingtheaters; das freistehende Gebäude befindet sich gegenüber an der nördlichen Spreeseite, Friedrich-Carl-Ufer (heute Kapelle-Ufer) Ecke Unterbaumstraße. Oskar Blumenthal, wohnhaft Roonstraße 5, gründet dieses Theater im Jahre 1888 und steht elf Jahre an der Spitze des Hauses. Sein Beitrag zum Durchbruch der Gegenwartsdramatik ist hoch zu bewerten. Werke von Ibsen, Strindberg und Hauptmann gelangen hier zur Uraufführung. Zum Eklat kommt es bei Gerhard Hauptmanns „Vor Sonnenaufgang" am 20. Oktober 1889. Der dargebotene Naturalismus geht vielen Zuschauern zu weit. Als eine Darstellerin laut Textbuch Geburtswehen bekommt, wirft der Journalist und Arzt Dr. Kastan eine Gebärzange auf die Bühne, was eine allgemeine Schlägerei auslöst. Ein bereits einstudiertes und für die ersten drei Vorstellungen ausverkauftes Stück von Sudermann wird verboten. Die Begründung des Polizeipräsidenten von Richthofen gegenüber Blumenthal: „Die janze Richtung passt uns nicht." (Hans Erman, Berlin Geschichte und Geschichten, Berlin 1953, S. 266).

Lessing-Theater Ecke Unterbaumstraße Friedrich-Karl-Ufer. F. Albert Schwartz um 1890

Blumenthal schreibt auch selbst Theaterstücke („Im Weißen Rössl") und fällt in den Jahren bis 1887, als Feuilleton-Leiter des Berliner Tageblatt oft scharfe, teilweise vernichtende Urteile über Bühnenstücke, was ihm den Beinamen „blutiger Oskar" einbringt. Originell sind seine Kurzgedichte, z. B.: „Das ist ein hässliches Gebrechen, wenn Menschen wie die Bücher sprechen. Doch reich und fruchtbar sind für jeden die Bücher, die wie Menschen reden!"

Oskar Blumenthal

Erwähnenswert unter den „Altbewohnern" der Schifferstraße ist außerdem Richard Friedrich Burggraf und Graf zu Dohna-Schlobitten (um 1858 in Nr. 8), seit 1856 Inhaber des erblichen Sitzes im preußischen Herrenhaus, 1876 bis 1879 Obermarschall im Königreich Preußen, danach für die Beherbergung des Königs in Ostpreußen zuständiger Landhofmeister. Weiter ist zu nennen Erasmus Robert Freiherr von Patow (um 1865 in Nr. 9), Beamter und Politiker, in den fünfziger und sechziger Jahren führender Alt-Liberaler in Preußen, zwischen 1858 und 1862 preußischer Finanzminister.

Roonstraße, Ostseite Nr. 6–9 (von rechts). 1938

Ein besonders verdienstvoller Bewohner der Roonstraße, der zunächst in der Alsenstraße 4, dann bis zu seinem Tod im Jahre 1903 im Haus Roonstraße 2 wohnt, ist der Staatsmann Rudolph von Delbrück. Ab 1848 Ministerialdirektor im preußischen Handelsministerium avanciert Delbrück zum eigentlichen Leiter der Zollvereinspolitik in Deutschland. Darüber hinaus festigt er über den Zollverein mittels einer Reihe wichtiger liberaler Gesetze die innere wirtschaftliche Einheit Deutschlands: Ab 1868 gilt das einheitliche metrische Maß und das gemeinsame Gewichtssystem. Ein Jahr später folgt die Gewerbeordnung, die die allgemeine Gewerbefreiheit und die Freizügigkeit festlegt. Für die Arbeitenden gilt nun die Koalitionsfreiheit. Münz- und Papiergeld werden vereinheitlicht. Anfang der siebziger Jahre folgt der Übergang zur Goldwährung, und 1875 wird die Preußische Bank zur Reichsbank.

Grabmal Rudolph von Delbrück, Dorotheenstädtischer Friedhof

Delbrück ist ab 1867 Präsident des Bundeskanzleramts des Norddeutschen Bundes, ab 1869 im Range eines Staatsministers. Als vertrauter Bismarcks führt er die Verhandlungen mit den süddeutschen Staaten, die schließlich zur Reichsgründung im Jahre 1871 führen. Dafür wird er später, im Jahre 1896, geadelt.

Auch im Deutschen Reich bleibt Delbrück als Präsident des Reichskanzleramts engster Mitarbeiter Bismarcks. Aber bereits im Jahre 1876 tritt er zurück, als die Hinwendung des Kanzlers zu Protektionismus und Verstaatlichung, nicht zuletzt der Eisenbahnen, immer mehr in Konflikt zu den eigenen liberalen Positionen gerät. Nach dem Bruch mit Bismarck bekämpft er im Reichstag erfolglos die Schutzzollpolitik und die beginnende Sozialgesetzgebung.

Roonstraße, Westseite 1–5 (von rechts). 1938

Ein zu jener Zeit in ganz anderen Zusammenhängen, aber nicht minder bekannter Name ist derjenige des Fabrikanten Carl Arnheim, dem das Haus Roonstraße 5 Ecke Bismarckstraße 1 gehört. Das Wort Arnheim steht damals synonym für Geldschrank. In den Adressbüchern der Jahre um 1900 wirbt das Unternehmen mit Schlagworten wie „Hof-Kunstschlosser Sr. Maj. d. Kaisers u. Königs. Begründer der deutschen Geldschrankindustrie. Höchste staatliche Auszeichnung. Erste Kassen-Fabrik u. Tresor Bauanstalt. Zahlreiche eigene Patente. Gegründet 1833. Spezialität: Safes Deposit-Anlagen."

Arnheim-Werbung

Carl Arnheim, Sohn und Nachfolger des jüdischen Firmengründers Simon Joel A., verlegt 1890 den Sitz der Produktionsstätte von der Rosenthaler Straße 36 in die Weddinger Badstraße 40–41; in der Leipziger Straße 126 eröffnet er überdies ein Verkaufslager. Die in maschineller Großproduktion hergestellten Geldschränke – bereits um 1860 hatten die damals ca. 120 Mitarbeiter jährlich etwa 300 Exemplare angefertigt – sind reich verziert. Schon äußerlich sollen sich Reichtum, Sicherheit und das Repräsentationsbedürfnis des Eigentümers erkennen lassen. Gelegentlich trügt indes der Schein. Arg ist etwa die Enttäuschung nach dem Tod des Familienoberhaupts Großmann in Fontanes „Mathilde Möhring" über den, vom Standpunkt der Erben, wertlosen Inhalt „... der Kiste, so eine Art Arnheim, in seinem Büro, die wir immer mit Respekt betrachteten, weil wir uns alle sagten, da liegt es drin." (Theodor Fontane, Mathilde Möhring, Berlin 1971, S. 22).

In den zwanziger Jahren kann das Unternehmen nicht mehr an die Erfolge der Kaiserzeit anknüpfen; bei Neuerungen wie dem Nachttresor sind andere Hersteller früher am Markt. Im Jahre 1938 folgt die Zwangsversteigerung. Die Fabrikgebäude werden größtenteils im Krieg zerstört bzw. danach abgetragen. Denkmalgeschützt und sehenswert sind die renovierten, heute als Bildhauerwerkstatt genutzten 180 Meter langen Shedhallen, die auf dem 1897/98 zugeschütteten westlichen Arm der Panke stehen.

Shedhallen der ehemaligen Arnheim-Fabrik

Das Grundstück Roonstraße 5 geht nach dem Tod von Carl Arnheim im Jahre 1905 an die Witwe Dorothea Arnheim. Auch die Söhne Siegmund und Felix wohnen am Ort. Ihre Mutter wird später nach Theresienstadt deportiert und stirbt dort am 1. November 1942.

Zu nennen unter den Bewohnern der Roonstraße ist außerdem Herbert von Beneckendorff und von Hindenburg, Neffe des späteren Reichspräsidenten Paul von Hindenburg. Der Attaché im Auswärtigen Amt wohnt um 1900 im Haus Nr. 9. Seine Frau, die gebürtige Engländerin Agnes Blanche Marie, lernt durch die Diplomatentätigkeit ihres Mannes verschiedene europäische Städte kennen, die das Kolorit ihrer biografischen Romane abgeben.

Erwähnenswert ist ein hoher staatlicher Beamter der um 1930 im Haus Nr. 10 wohnt. Es ist Gottlieb von Jagow, bis 1916 Staatssekretär im Auswärtigen Amt.

Genannt sei schließlich Bodo Baron von dem Knesebeck, Roonstraße 6, später Alsenstraße 8, Angehöriger eines auf das 17. Jahrhundert zurückgehenden vielverzweigten Adelsgeschlechts. Im Unterschied zum preußischen Generalfeldmarschall Karl Friedrich von dem Knesebeck (gestorben 1848) und anderen Mitgliedern des heute als Familienverband auftretenden Geschlechts ist er wenig bekannt. Er bekleidet in den Anfangsjahren des

20. Jahrhunderts die Position eines Kammerherrn und ist Stellvertreter des Obersten Zeremonienmeisters Ihrer Majestät der Kaiserin.

Um die Jahrhundertwende ist – nicht nur in der Roonstraße – zu beobachten, dass das Grundstückseigentum zunehmend aus der Hand einzelner Personen bzw. Familien in die Verfügung von Institutionen übergeht. Letztere treten außerdem auch als Mieter auf. Das Haus Nr. 9, jahrzehntelang im Eigentum des Potsdamer Rentiers Lion kauft nach 1900 eine Union Baugesellschaft auf Aktien, und wo Herbert von Hindenburg wohnte, sitzen nun für einige Jahre die Zentralkomitees der Deutschen Vereine vom Roten Kreuz und des Preußischen Landesvereins vom Roten Kreuz – damals noch Organisationen, beschränkt auf die Pflege von Kriegsverwundeten. Das bombastische, mit Zinnen bewehrte Eckhaus der Roonstraße (Nr. 6) zum Königsplatz, das zunächst den Geschwistern Wittich, dann dem Fabrikanten Bleyberg gehört, gelangt Anfang des Jahrhunderts in das Eigentum der Schultheiß-Patzenhofer Brauerei AG, die wenig später von Th. Hengstenberg auch das benachbarte Haus Nr. 7 übernimmt und um 1930 überdies das Gebäude Nr. 8 besitzt, wo die Familie von Brauereichef Sobernheim eine Dienstwohnung hat. Die Häuser Nr. 12 und 13 werden von einer Neuen Berliner Baugesellschaft AG, später Neue Boden AG übernommen.

Alsenviertel, östlicher Teil 1929

Ein Luftbild zeigt den östlichen Spreebogen zwischen Roonstraße und Reichstagsgebäude, wie er sich im Jahre 1929 darstellt. Besonders ins Auge fällt der Kontrast des alten Palais Pourtalés zum rund dreißig Jahre jüngeren Block der Mietshäuser, die sich an ihrem Südrand mit hohen hässlichen Brandmauern präsentieren. Demgegenüber vermittelt das Palais Hitzig an der anderen Ecke der einmündenden Hindersinstraße zusammen mit der Häuserfront am Königsplatz und den Gebäuden Roonstraße 6 bis 9 eine geschlossene, angenehme Ansicht. Die letztere Häuserfront, beginnend bei Nr. 6, dem Gebäude mit dem zinnenbewehrten Eckturm, wird heute größtenteils durch die Eingangsüberdachung des Paul-Löbe-Hauses eingenommen. Dessen südliche Außenansicht verläuft somit entlang der ehemaligen Häuserfront am Königsplatz, damals unterbrochen durch die einmündende Hindersinstraße.

Südliche Außenansicht Paul-Löbe-Haus

3 Urbanisierung im Umfeld

Die langanhaltende rätselhafte Brachlage von großen Teilen des Spreebogens steht ja nicht nur im krassen Gegensatz zur lebendigen Urbanisierung im östlichen Viertel des Halbrunds. Auch ringsum – im Süden, im Westen und zudem jenseits der Spree im Norden – ist die Erschließungen in vollem Gange. Ganz im Osten, auf der Stadtseite der Akzisemauer, sind nicht nur längst alle Grundstücke besetzt, hier weichen bereits alte Nutzungen wie die Kattunfabrik Sieburg oder die Maschinenbauanstalt Freund, die nicht mehr in die dortige Stadtlandschaft passen, neuen Bebauungen. Insbesondere in der Kasernenstraße, nun Sommerstraße, entstehen nach 1845 attraktive Wohnhäuser.

Sommerstraße Ecke Dorotheenstraße, im Hintergrund Ostflügel der Kaserne. F. Albert Schwartz

In den Zelten

Westlich des Spreebogens gehen erste Ansiedlungen bis ins 18. Jahrhundert zurück. Es beginnt damit, dass Hans Georg Wenzeslaus von Knobelsdorff im Auftrag von König Friedrich II. den Tiergarten aus einem Jagdrevier in einen für jedermann zugänglichen Erholungswald umgestaltet. Die Berliner erobern den neuen Park, und viele von ihnen suchen gern die Lichtung an der Mündung des Porzellangrabens auf, die sich gegenüber dem Kurfürstenplatz befindet, der auch Zirkel und später Zeltenplatz genannt wird. Nichts liegt näher als den ermüdeten Wanderern an diesem Ort Erfrischungen anzubieten.

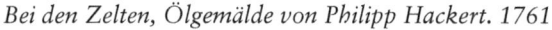
Bei den Zelten, Ölgemälde von Philipp Hackert. 1761

Die beiden Hugenotten Dortu und Thomassin erhalten 1745 die Erlaubnis, Tee, Kaffee, Schokolade, Limonade, Danziger Likör sowie Butterbrote zu reichen und zu diesem Zwecke im Sommer Leinwandzelte aufzustellen. Ein dritter Zeltenwirt namens Mourier darf im Jahre 1767 als Erster eine Hütte anbauen. Elf Jahre später treffen die Erholungssuchenden am Zirkel nur noch Hütten an – ganzjährig geöffnet und von den Wirten bewohnt.

Die Zelte im Tiergarten, Kupferstich. 1828

In der Folgezeit wechseln Pächter bzw. Eigentümer häufig. In den Jahren nach 1810 finden wir den Gastwirt Schmidt, der jeden Donnerstag „Erbspicknicks" veranstaltet sowie den Herrn Klaus mit Café und Eisbahn auf dem Porzellangraben und den Herrn Weber. Letzterer agiert am Ort des ehemaligen Mourierschen Zelts Nr. 2, an dessen Stelle ebenfalls ein festes Haus entstanden ist. Dieses verfügt über eine Galerie auf der Spreeseite von der aus die Kapriolen der Schlittschuhläufer auf dem Eis der Spree beobachtet werden können.

Winterbelustigung auf der Spree bei den Zelten. Calau 1830

In der Biedermeierzeit erreicht die Beliebtheit der „Zelten" bei den Berlinern einen ersten Höhepunkt:

„An der Tiergarten- und an der Wasserseite des ‚Porzellangrabens' waren die kleinen runden Tische stets besetzt. Man lauschte den Klängen eines aus Violine, Flöte und Fagott bestehenden, doch wenig geübten Orchesters auf dem ‚Zirkel'. Die Väter mit langen Pfeifen voll wohlriechenden Knasters saßen beim hohen Weißbierglase, mit dem ohnehin bedeutungsvollen Tabakrauchen ökonomische oder Gespräche über Krieg und Frieden verbindend. Die Mütter beim dampfenden ‚Mohrrübenkaffee' waren mit ellenlangen Strickstrümpfen, die blühenden Töchter mit Häkelarbeiten beschäftigt, von denen sie oft durch das provokante Verhalten lauter Studenten, durch lorgnettierende Referendare oder aus anderer Veranlassung abgezogen wurden." (Ferdinand Meyer, Der Berliner Tiergarten, Berlin 1892, S. 92)

In diesen Jahren kann man im Weberschen „Zelt" mit einem festen Stammgast rechnen. Es ist der diabolisch wirkende Kammergerichtsrat, Dichter, Komponist und Karikaturenzeichner E. T. A. Hoffmann – wirres dunkles

Haar, scharfgebogene Nase, mit stechenden Augen die Vorbeigehenden musternd. In den Zelten sammelt Hoffmann – ständig unter den professionellen Unzulänglichkeiten der drei im Hintergrund agierenden Musikanten leidend – Stoff zu seinem „Fragment aus dem Leben dreier Freunde". Und die Fantasiegestalt des „Ritter Gluck" sitzt dem Dichter eines Tages unversehens am Tisch gegenüber.

Überhaupt sind die Zelten ein von vielen Schriftstellern bevorzugter Handlungsort ihrer Werke. Bereits in den siebziger Jahren des achtzehnten Jahrhunderts lässt der Aufklärer und Berlinkenner Friedrich Nicolai die Romangestalt Sebaldus Nothanker still unter den aufdringlichen Agitationen seines pietistischen Begleiters leiden, wenn letzterer den Verständnislosen, ihren Sünden Trotzenden die „Abscheulichkeit des Spazierengehens an einem schönen Tage" vorhält. Und das angesichts der für die Zelten kennzeichnenden Buntscheckigkeit der Gesellschaft, zu der selbst Geistliche gehören!

Volksversammlung In den Zelten. 20. April 1848

Im Vorfrühling des Jahres 1848, unmittelbar vor der Märzrevolution, erlebt der junge Paul Lindau an der Hand seiner Eltern eine der seit dem 6. März stattfindenden Volksversammlungen in den Zelten, wo – da außerhalb von

Berlin gelegen – Zusammenkünfte unter freiem Himmel stattfinden dürfen. Viel Beifall bekommt der Redner auf der Orchestertribüne des Zirkels. Die Kinder jubeln natürlich mit, „… ohne zu wissen, warum. In dem Punkte unterschieden wir uns vermutlich nicht erheblich von vielen der erwachsenen Zuhörer." Besonders haftet bleibt von jenem Tag indes, dass von der erhofften Einkehr in die „Zelten" Abstand genommen wird, „… weil da kein Apfel zur Erde fallen konnte." (Paul Lindau, Der achtzehnte März. In: Diethard H. Klein (Hrsg.), Berliner Hausbuch, Freiburg im Breisgau 1882, S. 285). Auch nach den Märztagen bleiben die Zelten noch einige Zeit Treffpunkt für Volksversammlungen.

Vierzig Jahre später lässt Theodor Fontane seine Romanfigur Hugo Grossmann gedankenversunken in den Zelten einkehren. Soeben hat er Mutter und Schwester brieflich die Verlobung mit Mathilde Möhring, der Tochter seiner Vermieterin, mitgeteilt. Wie wird die Schwester reagieren? „Und wenn sie nu liest, dass ich mich mit einer Chambre-garnie-Tochter verlobt habe, so wird sie die Nase rümpfen und von Philöse (in der Studentensprache die wenig reizvolle Tochter des Vermieters – H. Z.) sprechen. Und vielleicht schreibt sie mir auch so was. Na, ich muss es hinnehmen." (Theodor Fontane, Mathilde Möhring, Berlin 1971, S. 65).

In den Zelten, Ausschnitte aus dem Plan von Jul. Straube. 1910

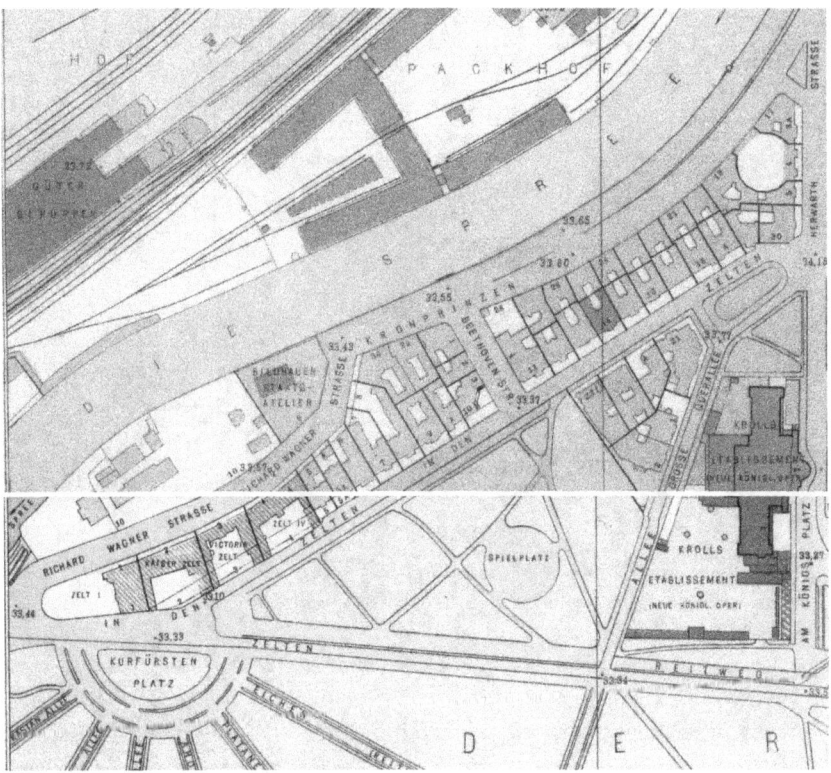

Zwischen den Kinderjahren Lindaus und den letzten Lebensjahren Fontanes, in denen die „Mathilde Möhring" entsteht, verändert sich das Gesicht der Zelten ganz wesentlich. Die Vergnügungslokale veröden in den fünfziger Jahren, und erst danach – Berlin wird Weltstadt – passen sich die Etablissements der neuen Zeit und den jetzt auch von der Arbeiterschaft mitgeprägten Publikumsschichten an.

In den Zelten, links Nr. 1 das Kronprinzenzelt. F. Albert Schwartz. 1885

Statt der drei Musikanten, die seinerzeit die Nerven des hochmusikalischen Hoffmann strapazierten, wetteifern nun vor Ort mehrere Militärkapellen um die Gunst des Publikums. Alle Zelten werden ab 1870 erneut umgebaut – während zu diesem Zeitpunkt der größte Flächenteil des Spreebogens noch immer der Erstbebauung harrt!

Kaiser-Wilhelm-Zelt. Um 1900

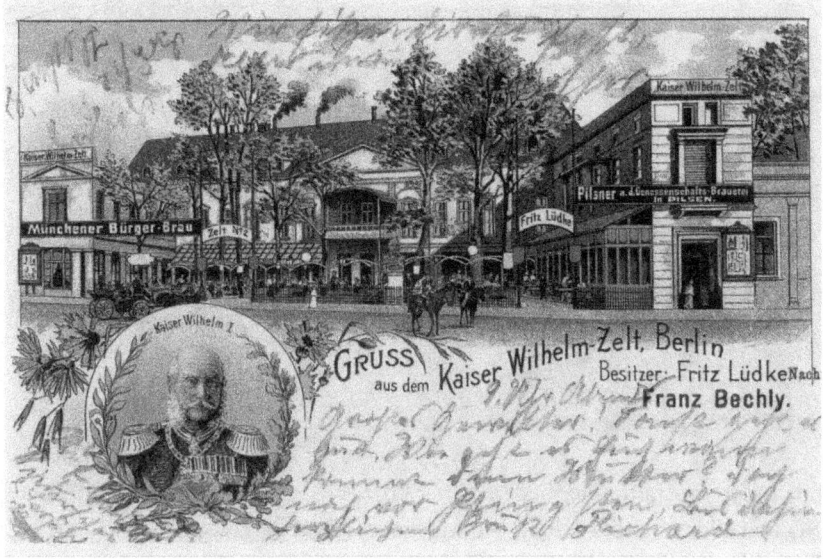

Das ehemalige Webersche und nachmalige Grünbergsche ist nun das pompöse Kaiser-Wilhelm-Zelt; sein Haupttrakt und die beiden Seitenflügel, alle in zwei Etagen ausgeführt, umrahmen den großflächigen Biergarten. Zeitweilig existieren fünf Zelten – alles Großgaststätten mit Saal in mindesten einer der Etagen. Eigentümer werden jetzt – um 1890 – die Brauereien, die Adler-, Bötzow-, Löwen- und die Oranienburger Schlossbrauerei, später auch die Schultheissbrauerei.

In den Zelten. Um 1905

Ein anderer nicht minder bedeutsamer Prozess ist die Verwandlung der Zelten zu einer kleinen, aber feinen Wohngegend. Erste Bebauungen gehen zurück bis in die dreißiger Jahre, als die Straßen angelegt und benannt sind – neben der seit dem 1. Dezember 1832 offiziell so bezeichneten Straße „In den Zelten", das Kronprinzenufer (dessen westliches Stück an der Einmündung des längst zugeschütteten Porzellangrabens ab 1889 Richard-Wagner-Straße heißt), die Beethovenstraße und die Große Querallee.

Bettinas Wohnhaus In den Zelten

Zuerst sind es Wissenschaftler, Künstler, Beamte und andere angesehene Privatpersonen, die sich von der ruhigen Lage und der unmittelbaren Nachbarschaft zum Tiergarten angezogen fühlen.

Bettina von Arnim, Reinhardt, Brahm, Joachim, Hirschfeld

Später etablieren sich hier potente Unternehmen, Gesellschaften und Behörden. Nicht selten verschaffen sie sich durch Aufstockungen und Anbauten zusätzlichen Nutzraum. Im Resultat geht das ursprüngliche Straßenbild der im Stil der Schinkelschen Bauschule errichteten Wohnhäuser verloren.

Bettina von Arnim

In den Zelten 5, dicht neben den Zelt-Lokalen und wie diese bis zum Spreeufer reichend, wohnt von 1847 bis zu ihrem Tode im Jahre 1858 Bettina von Arnim. Es ist ungefähr die Stelle des heutigen Hauses der Kulturen der Welt. Das Haus besteht im Hochparterre aus zehn Zimmern und einem Saal; die Veranda gewährt den Blick in den Tiergarten. Die Küche, die Zimmer des Personals sowie die Lagerräume des Verlags und Bettinas Atelier befinden sich im oberen Stockwerk. Die Goetheverehrerin und mutige Demokratin versammelt hier einen illustren Kreis von Persönlichkeiten des Berliner künstlerischen und literarischen Lebens. Ihr Salon ist einer der kulturellen Mittelpunkte

Berlins. Über die politisch hochengagierte und geistig äußerst anregende Frau notiert der Schriftsteller Karl Gutzkow nach einem Gespräch:
„Diese zwei Stunden einer mir unvergesslichen Unterhaltung rauschten wie Sekunden vorüber. Wir sprachen über alles und hätten doch, als wir schieden, erst anfangen mögen!" (Berliner Hausbuch, Freiburg im Breisgau 1982, S. 262).

Das Wohnhaus der Autorin von „Goethes Briefwechsel mit einem Kinde" und des gesellschaftskritischen Werks „Dieses Buch gehört dem König" wird 1877 abgetragen und im Jahr danach durch ein prunkvolles Gebäude ersetzt. Das Schlieffenufer – 1934 hervorgegangen aus der Richard-Wagner-Straße und dem westlichen Teil des Kronprinzenufers – ist seit 1991 nach Bettina benannt.

Mathilde Wesendonck, Gemälde von Karl Ferdinand Sohn. 1850

Das attraktive Haus In den Zelten 21, zusammen mit nur zwei weiteren Grundstücken an der Südseite der Straße liegend und die Ecke zur Großen Querallee bildend, gehört Otto Wesendonck. Der vermögende Kaufmann hatte sich zur Ruhe gesetzt und war im Jahre 1882 mit seiner Frau, der Schriftstellerin und Wagner-Muse Mathilde nach Berlin gezogen. In der Schweiz hatte das Ehepaar dem Komponisten und politischen Exilanten Richard Wagner finanzielle Unterstützung und Unterkunft auf dem Grundstück seiner Villa gewährt.

In den achtziger und neunziger Jahren ist das Haus Wesendonck Ort regen gesellschaftlichen und künstlerischen Austausches. Anziehungspunkte sind die Bildergalerie des Hausherrn und das insbesondere von Mathilde gepflegte musikalische wie literarische Erbe. Auch noch einige Jahre nach dem Tode des Ehepaares bleibt das Haus im Familienbesitz; die Galerie ist nun öffentlich zugänglich.

Seit 1905 wohnt der österreichische Theater- und Filmregisseur Max Reinhardt mit seiner Familie im Wesendonckschen Palais. Hier eröffnet er im Oktober des gleichen Jahres die Schauspielschule des Deutschen Theaters. Ein Jahr später gründet er die Kammerspiele. Im Jahre 1911 bezieht Reinhardt seine letzte Berliner Wohnung am Kupfergraben. Im gleichen Jahr übernimmt der Fiskus das Grundstück In den Zelten 21. Im Jahre 1920 gehören ihm außerdem die Häuser 21a – hier befindet sich nun die Fürsorgestelle für Beamte – sowie die Grundstücke Nr. 22 und 23. Letzteres Gebäude ist der Sitz des Bezirksverbands Berlin und des Zentralrats der Sozialdemokratischen Partei Deutschlands.

Gegenüber, In den Zelten 14, dritter Stock, wohnt zwischen 1910 und seinem Todesjahr 1912 der krebskranke Otto Brahm – ab 1894 Leiter des Deutschen Theaters und seit 1905 Direktor des Lessingtheaters. Brahm, dessen Büste auf dem Platz vor dem Deutschen Theater steht, gebührt das Verdienst, eine realistisch geprägte Darstellungsweise im Kammerspiel durchgesetzt zu haben.

Werkstattgebäude für Monumentalbildwerke, Richard-Wagner-Straße 9. Seitenriss

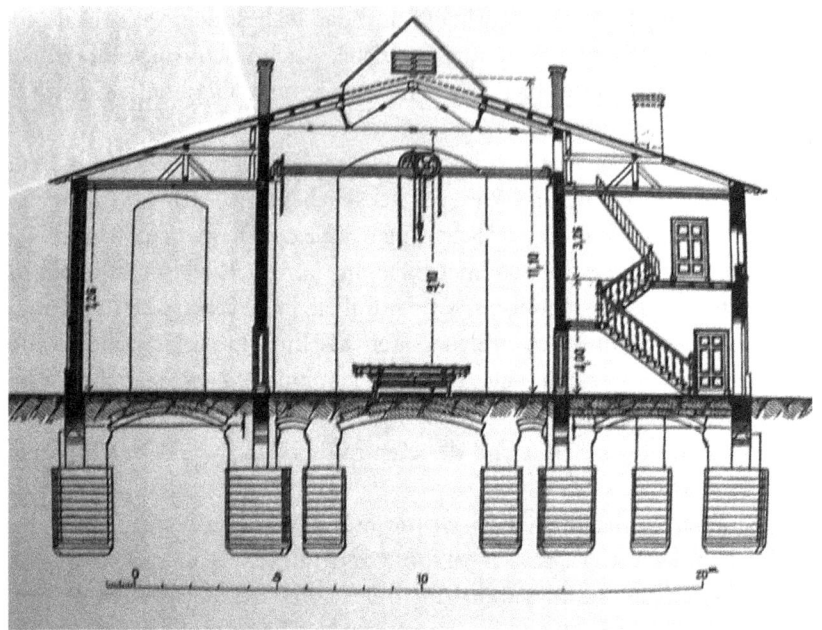

Neben Theaterleuten zieht es auch andere Künstler sowie Wissenschaftler und Ärzte in das ruhige und beschauliche Zeltenareal. Die Bildhauer Ferdinand Lepcke – Abgüsse seiner Statue „Bogenspannerin" aus dem Jahre 1897 befinden sich u. a. im Kolonnadenhof der Alten Nationalgalerie und auf dem Hohenzollernplatz in Berlin-Nikolassee – sowie der in der Tradition der Rauch-Schule stehende Johannes Boese haben neben anderen hier direkt am Spreeufer ihre Werkstätten, im Bildhauer-Staatsatelier Richard-Wagner-Straße 9.

Dieses an der Ecke zum Kronprinzenufer liegende mächtige Gebäude ist architektonisch und technisch so ausgelegt, dass hier auch Monumental-Bildwerke geschaffen werden können. Der Haupt-Atelierraum des auf Veranlassung des preußischen Königlichen Kultusministeriums von Fr. Schulze errichteten Werkstattgebäudes hat die beeindruckenden Ausmaße von zehn Metern Breite, zwölf Metern Länge und elf Metern Höhe. Durch das einfallende Oberlicht und durch Seitenlicht, das von den beiden gegenüberliegenden gut zehn Meter hohen Torwegen eindringend, ist im Hauptraum für gute optische Arbeitsbedingungen gesorgt. Eine Modellier-Drehscheibe inmitten des Ateliers ruht auf Schienen; das Bildwerk kann ins Freie gefahren werden, um seine Wirkung unter freiem Himmel zu prüfen. Die Grube in einer Ecke gestattet den Anblick von einem tieferen Standpunkt. Schwere Stücke können mit Hilfe eines Laufkrans transportiert werden. Beiderseits des Hauptraums sind kleinere Atelierräume und Wohnzimmer eingerichtet.

Villa Joachim, Beethovenstraße 3, erbaut 1871–1872. Architekt Richard Lucae

Das wohl attraktivste, ästhetisch besonders ausstrahlende Bauwerk der „Zelten" steht in der Beethovenstraße, die eigens wegen dieses anspruchsvollen Architekturprojekts angelegt wird. Richard Lucae errichtet die Villa in den Jahren 1871/72 nach den Vorstellungen des Bauherrn Professor Joseph Joachim. Letzterer, ein berühmter Geigenvirtuose, ist Gründungsrektor der Königlich Akademischen Hochschule für ausübende Tonkunst, der späteren Musikhochschule Berlin und übt darüber hinaus maßgeblichen Einfluss auf des Musikleben im deutschen Kaiserreich aus.

Joseph Joachim

Wohnhaus Beethovenstraße 3, Erdgeschoss

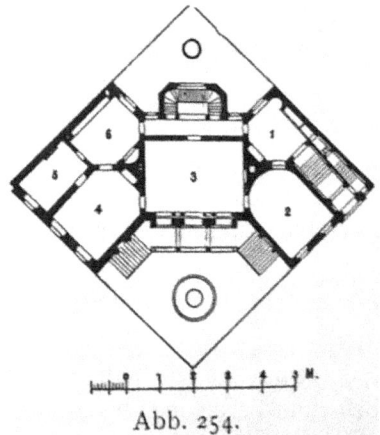

Abb. 254.
Wohnhaus Beethovenstraſse 3.

Erdgeschoſs: 1. Vorzimmer.
2. Empfangszimmer. 3. Musikz.
4. Speisez. 5. Dame. 6. Kinderz.

Der Gestaltung der annähernd quadratischen Eckbaustelle Beethovenstraße 3 / In den Zelten 10 ermöglicht einen großflächigen Vorgarten. Überdies ist der als Musikzimmer dienende Hauptraum vom Straßenlärm weitgehend abgeschirmt. Der sorgfältig gestaltete bildnerische Schmuck dieses Putzbaus ist inhaltlich so konzipiert, dass er in vielfältiger Weise auf den Beruf des Hausherrn verweist. Die Villa Joachim ist, insbesondere in den ersten Jahren nach Fertigstellung, bevor die Bebauung aus den Nachbargrundstücken heranrückt, ein buchstäblicher Blickfang.

Im Haus In den Zelten 16 wohnt um 1910 der Arzt Dr. Magnus Hirschfeld, Gründer des Wissenschaftlich-humanitären Komitees (WhK). Letzteres verfolgt das Ziel der Abschaffung des Paragraphen 175 des Reichstrafgesetzbuches, das den Beischlaf unter Männern unter Strafe stellt. (Der Paragraph wird erst am 10. März 1994 ersatzlos gestrichen). Außerdem soll die Bevölkerung über sexuelle Zwischenstufen als natürlicher Grundlage der Liebe zwischen Personen gleichen Geschlechts aufgeklärt werden.

Magnus Hirschfeld

Im Jahre 1919 erwirbt Hirschfeld für 400 000 Mark das Haus Joachim. Dieses hat inzwischen mehrfach den Eigentümer gewechselt; unter anderem gehört es um 1910 den von Richthoferschen Erben und zuletzt dem Fürsten von Hatzfeld. Jetzt wird es zum Domizil des am 16. Juni 1919 gegründeten

Instituts für Sexualwissenschaft, das sich bald zu einer weltweit einmaligen Forschungsstätte entwickelt. Zwei Jahre später folgt der Ankauf des 1880 erbauten Nachbarhauses In den Zelten 9a (in dem übrigens 1905 der nachmalige französische Botschafter in der Bundesrepublik, Francois Soydoux zur Welt kam). Die dortige Gaststätte Luisenzelt gestaltet Hirschfeld in einen Vortragssaal um, Archive werden im Haus eingelagert, und ein Sexualmuseum entsteht. Die sexualwissenschaftliche Institutsbibliothek ist die größte ihrer Art weltweit. Ehe- und Freundespaare finden im Institut fachkundigen Rat. Man heilt Sexualleiden, verfertigt Gerichtsgutachten und entwirft Thesen zur Sexualreform.

In den Zelten 9a

Für die Nationalsozialisten ist Magnus Hirschfeld als Jude und Homosexueller das Feindbild schlechthin. Studenten und SA-Mitglieder dringen am 6. Mai 1933 mehrfach gewaltsam in das Institut ein, plündern die Bibliothek, zerstören das Museum und transportieren einen Teil des Buchbestands ab. Am 10. Mai werden die Bücher zusammen mit zahlreichen anderen Werken

„undeutschen Geistes" Opfer der Flammen auf dem Opernplatz. Das entschädigungslos beschlagnahmte Institutsgebäude beherbergt nun antisemitische und andere NS-genehme Verbände.

Magnus Hirschfeld weilt zum Zeitpunkt der Vernichtung seines Instituts in Paris. Dort verstirbt er zwei Jahre später, am 14.Mai 1935. Im Juli 1994 wird am Bettina-von-Arnim-Ufer eine Stele zum Gedenken an das Institut für Sozialwissenschaft eingeweiht.

Gedenkstele Institut für Sozialwissenschaft

Nach dem Zweiten Weltkrieg wird das zertrümmerte Areal der „Zelten" abgeräumt; nur die nackten Straßen bleiben zunächst erhalten. Im Jahre 1957 entsteht auf dem Gelände als amerikanischer Beitrag zur Interbau die auf ca. eintausend Pfählen ruhende Kongresshalle. Das in Form eines offenen Zeltes konstruierten Dach stürzt im Jahre 1980 ein und wird alsbald wieder hergestellt.

Eingestürzte Dachkonstruktion der Kongresshalle. 21. Mai 1980

Haus der Kulturen der Welt

Die Umbenennung in Haus der Kulturen der Welt, das seither hauptsächlich als Ausstellungsort für nichteuropäische künstlerische Produktionen dient, erfolgt im Jahre 1989.

An die Vergangenheit erinnert heute hier nichts mehr. Selbst den Verlauf der Straße In den Zelten markiert nur noch ein kleines Stück Weges von wenigen Metern, an dem sich früher das Grundstück Nummer 20 befand.

Der Königsplatz

Auch der Platz südlich des Spreebogens verändert immer wieder Aussehen und Funktion, während die Holzplätze unverändert Holzplätze bleiben.

Im Volksmund heißt das sandige Feld im 18. Jahrhundert humorvoll die „Berliner Sahara". Als weniger lustig empfinden es die Soldaten der Berliner Garnison, auf den dort herrschenden schweren Bodenbedingungen exerzieren zu müssen. Der Schweizer Ulrich Bräker, der, von einem Werbeoffizier getäuscht, vertrauensvoll nach Berlin kommt und sich dort als preußischer Söldner wiederfindet, beschreibt in seinem „Armen Mann im Tockenburg" die Quälereien, die die Soldaten beim Exerzieren vor den Toren erleiden müssen. Angelegt hat den zwölf Hektar großen Truppenübungsplatz der Soldatenkönig Friedrich Wilhelm I. im Jahre 1730.

Fast hundert Jahre ändert der von Linden und Kastanien eingefasste Platz sein Aussehen wenig. An seiner Nordostecke erbaut Friedrich II. im Jahre 1767 die beiden Blocks der Kaserne für das Herzog Friedrichsche Infanterieregiment. Die Akzisemauer, die ja auch das Desertieren der Soldaten verhindern soll, wird deswegen etwas nach außen verlegt. (Später dient die Kaserne als Garnisonslazarett, danach als Feuerwerkerschule und – bevor sie dem Bau des Reichstags weichen muss – als Sitz von Stäben und Verwaltungen der Garnison).

Von Zeit zu Zeit findet sich indes auch für Zivilisten Anlass, den Exerzierplatz aufzusuchen. Die große freie Fläche unmittelbar vor den Toren eignet sich gut für aufsehenerregende Massenveranstaltungen. „Niemals hat der Exerzierplatz ein gleiches Spektaculum gesehen!" heißt es in einem Bericht, bezogen auf den 27. September 1788. (Ferdinand Meyer, Der Berliner Tiergarten, Berlin 1892, S. 62). An diesem Tag startet der französische Luftschiffer Jean Pierre Blanchard, der drei Jahre zuvor als Erster den Kanal überflogen hatte, seine Reise über Berlin. Lange bevor der Ballon aufsteigt, stauen sich an diesem Sonnabend die Menschenmassen vor dem Brandenburger Tor und danach an den königlichen Jagdnetzen, die den näheren Zugang zum Startplatz verhindern. Die Fläche unmittelbar neben dem Luftfahrzeug ist nur für die Loge des Königlichen Hofes und für viertausend Sitzplätze zu einem bzw. zwei Talern reserviert.

Ballonaufstieg im Tiergarten. 1788

Nachdem König Friedrich Wilhelm II. den Ballon inspiziert hat, kann dieser schließlich gegen 15 Uhr 15 aufsteigen. Gleichzeitig fallen die Jagdnetze, und eine ungeheure Menschenmenge überflutet den Platz. „Ich sah herab, und außer dem Marsfeld in Paris erblickte ich nie so viel Menschen," äußert Blanchard gegenüber der Vossischen Zeitung. (zit. n. Hans Ludwig, Altberliner Bilderbogen, Gütersloh 1975, S. 80).

Nachdem Blanchard hinter dem Gesundbrunnen zwecks Gewichtsverringerung zwei kleine Hündchen an einem Fallschirm herabgelassen und zeitweilig eine Höhe bis zu 5764 Fuß (ca. 1.900 Meter) erreicht hat, landet er nach einigen Turbulenzen zwischen den Dörfern Buch und Karow. In einer Kutsche unter dem Jubel der begeisterten Massen nach Berlin zurückgebracht, trifft der Luftfahrtpionier im Königlichen Nationaltheater am Gendarmenmarkt ein und erstattet dort dem König, während die Aufführung des „Mönchs von Carmel" unterbrochen ist, Bericht.

In den nächsten vierzehn Tagen geht über Blanchard ein wahrer Goldregen nieder. Der spendable Friedrich Wilhelm II. allein schenkt ihm eine goldene Tabatière mit 400 Friedrichsdor. Auch die Mode nimmt an dem Ereignis Anteil; noch längere Zeit stolzieren viele Damen mit ballonförmigen Hüten einher, an denen kleine Gondeln hängen.

Neunzehn Jahre danach bemüht sich erneut ein Franzose, mit Hilfe des Exerzierplatzes in den Mittelpunkt der öffentlichen Aufmerksamkeit zu rücken. Am 15. August 1807 feiert dort die französische Garnison mit einem Feuerwerk den 38. Geburtstag Napoleons. Die Anteilnahme der Berliner fällt indes nach einem Jahr französischer Besatzung nicht entfernt so euphorisch und ungeteilt aus wie seinerzeit bei Blanchard.

Dagegen ist die Begeisterung in den Oktobertagen des Jahres 1815 groß. Am neunzehnten dieses Monats veranstaltet König Friedrich Wilhelm III. auf dem Exerzierplatz eine Parade. Drei Tage später feiert die Bevölkerung hier den zweiten Jahrestag der Völkerschlacht von Leipzig und das vierhundertjährige Jubiläum der Hohenzollern.

Wiederum zwanzig Jahre später, inmitten der äußerlich gemütlichen Biedermeierzeit gehen von diesem Platz innere Unruhen in Form der sogenannten „Feuerwerksrevolution" aus. Am 3. August 1835 sollte hier ein Feuerwerk zu Ehren des Geburtstags von Friedrich Wilhelm III. veranstaltet werden, das der Magistrat, Krawalle befürchtend, verbietet. Es folgen drei Tage voller Randale mit mehr als 150 Verhaftungen, annähernd 100 Schwerverletzten und drei Toten.

Exerziert wird auf dem Platz nach den Befreiungskriegen und dem Wiener Kongress 1815, der ein halbes Jahrhundert Frieden einleitet, nur noch kurzzeitig. In den vierziger Jahren entsteht nach den Plänen von Lenné ein neuer, gepflegter Paradeplatz, eingerahmt von halbrunden Grünflächen mit Baumalleen und Wandelwegen. Beeinträchtigt wird das Bild allerdings bald dadurch, dass die Anpflanzungen infolge mangelnder Mittel für Pflege und Bewässerung teilweise verkümmern. Am 18. Dezember 1864 erhält der Ort per Allerhöchster Kabinettsorder den Namen Königsplatz. In Abhängigkeit von den jeweils herrschenden politischen Verhältnissen sollte diese Benennung in 82 Jahren noch dreimal wechseln: ab 2. August 1926 Platz der

Republik, vom 17. März 1933 an wieder Königsplatz und seit 17. Juni 1948 erneut Platz der Republik.

In der zweiten Hälfte des neunzehnten und bis gegen Mitte des zwanzigsten Jahrhunderts ereignet sich politisch auf dem Platz wenig. Zu erinnern ist nur an den Wahlrechtsspaziergang vom 6. März 1910, bei dem es den Sozialdemokraten gelingt, eine Demonstration gegen das Drei-Klassen-Wahlrecht am Reichstag vorbeizuführen, an die ersten Augusttage des Jahres 1914, in denen sich hier Berliner zusammenfinden, um möglichst rasch aktuelle Kriegsnachrichten zu erlangen, an Ansammlungen zum gemeinsamen Gebet für einen deutschen Sieg, aber auch gegen den Krieg, gegen Teuerung und Rationierung. Spektakulär ist die am 4. September 1915 aufgestellte Holzstatue des „Eisernen Hindenburgs." Zugunsten der Kriegsopferversorgung können Nägel erworben und in das Standbild eingeschlagen werden.

Nach dem Zweiten Weltkrieg ist eines der wichtigsten Ereignisse auf dem Platz der Republik die Anti-Blockade-Kundgebung am 9. September 1948 mit mehr als 300.000 Teilnehmern. Bekannt geblieben ist der historische Appell von Oberbürgermeister Ernst Reuter. „Ihr Völker der Welt, ihr Völker in Amerika, in England, in Frankreich, in Italien! Schaut auf diese Stadt und erkennt, dass ihr diese Stadt und dieses Volk nicht preisgeben dürft und nicht preisgeben könnt." (zit. n.: Michael S. Cullen, Platz der Republik, Berlin 1992, S. 58).

Anfang der achtzehnhundertsiebziger Jahre erhält der Königsplatz sein eigenes Bauwerk. Die Siegessäule ist den Einigungskriegen gegen Dänemark (1864), Österreich (1866) und Frankreich (1870/71) gewidmet. Von Johann Heinrich Strack stammt die Säule mit Unterbau und überdachtem Umgang, Johann Friedrich Drake gestaltet nach dem Modell seiner Tochter Margarethe die vergoldete Figur der Siegesgöttin Viktoria. Analog zur Anzahl der Kriege besteht die Säule aus drei Trommeln, in deren Kanneluren je 20 erbeutete Kanonenrohre eingebunden sind. Bronzereliefs am Sockel zeigen die Vorbereitung zum Kampf, die Erstürmung der Düppeler Schanzen, die Schlacht bei Königgrätz, die Kapitulation Kaiser Napoleons III. bei Sedan, den Einzug in Paris und den Siegeszug in Berlin. Für die innere Rundhalle entwirft Anton von Werner ein in Glasmosaik ausgeführtes Kolossalgemälde, das der Errichtung des deutschen Kaisertums gewidmet ist. Über eine Wendeltreppe kann die Ehrensäule bis zu Füßen der (im Berliner Volksmund so genannten) „Goldelse" erstiegen werden.

Siegessäule, im Hintergrund Generalstabsgebäude

Am 2. September 1873, dem dritten Jahrestag der Schlacht von Sedan, wird die Säule auf dem damals mit 100.000 Quadratmetern größten Platz Berlins feierlich eingeweiht. Vielen Berlinern gefällt das Denkmal allerdings nicht. Gemessen an dem wuchtigen Unterbau und der über acht Meter großen Viktoria ist die eigentliche Säule zu kurz geraten. Man witzelt, der Siegesengel sei das einzige weibliche Wesen in Berlin, das kein rechtes Verhältnis habe.

In der folgenden, bis 1880 während Zeit gestaltet man den Königsplatz neu. Die Siegessäule steht nun auf einer großen kreisrunden Fläche mit reichhaltigem Busch-, Hecken- und Rasenbestand. Die Wege und alle sonstigen für Fußgänger gedachten Flächen inner- wie außerhalb dieses Kreises sind mit einem in seiner künstlerischen Vollendung und quantitativen Ausdehnung heute in Berlin nicht mehr anzutreffenden Mosaikpflaster befestigt. Der Platz lädt zum Verweilen, aber auch zum Flanieren ein. Theodor Fontane lässt

Hugo Großmann – Untermieter bei Möhrings – und dessen Kommilitonen von Rybinski in einer Mondnacht „... um den Königsplatz ungezählte Male herumlaufen ... und unter Verwerfung aller bisherigen Hamlet-Auffassungen einer neuen, tieferen nachforschen." (Theodor Fontane, Mathilde Möhring, Berlin 1971, S. 24).

Reichkanzler von Bismarck

Außerhalb des Kreises werden kurz nach der Jahrhundertwende drei Denkmäler eingeweiht, 1901 im Osten das Bismarck-Nationaldenkmal (geschaffen von Begas), in nördlicher Richtung 1904 das Standbild des Kriegsministers Albrecht von Roon (Magnussen), und im Westen erinnert ab 1906 die Statue, die Helmuth von Moltke darstellt (Upher), an den Generalstabschef.

Feldmarschall von Moltke

Die Denkmäler tragen zur Attraktivität eines Platzes bei, den die fünfundneunzigjährige Hedwig von Bismarck, Cousine des Reichsgründers, noch in seinem Urzustand kannte: „Siegessäule und alles, was jetzt den Königsplatz ziert, lebte noch in keinem Zukunftstraum; es war eine öde Sandfläche, auf der morgens die Truppen der Garnison Berlins exerzierten, und ich habe mir nicht träumen lassen, dass ich dort das Standbild meines Spielgefährten würde enthüllen sehen." (Hedwig von Bismarck, Erinnerungen aus dem Leben einer 95jährigen, Berlin 2013, S. 28).

Generalfeldmarschall von Roon

In den Jahren 1938/39 wandert die Siegessäule in den Tiergarten, wo sie mit verbreitertem Unterbau und aufgestockt um eine vierte, den Ersten Weltkrieg symbolisierende Säulentrommel den Großen Stern ziert. An diesem Ort stehen nun auch die drei Denkmäler. (vgl. Helmut Zschocke, Alt-Berliner Bauten auf Wanderschaft, Norderstedt 2014, S. 77 ff.).

Während der größte Teil des Spreebogens weiterhin mit Holz belegt ist und während dort auch nach Einstellung des Holzhandels nicht gebaut wird, verwandelt sich die unmittelbar südlich benachbarte Exerzier-Sandwüste über mehrere Etappen hinweg in einen attraktiven Schmuckplatz. Aber es ist nicht nur der Platz an sich, den die Greisin Hedwig von Bismarck kaum wiedererkennt. Ringsum sind Bauwerke entstanden, die der Stätte erst ihr eigentliches Gepräge verleihen. Und mit Ausnahme des Reichstagsgebäudes (sowie der drei Denkmäler) erstreckt sich diese gesamte Randbebauung über jenen Zeitraum, in dessen Verlauf der Spreebogen unverändert im Dornröschenschlaf verbleibt!

Meyerbeer, Raczynski, Kroll

Beim ältesten Bau, einem typischen Landhaus, handelt es sich um „das jetzige Beersche Etablissement an der einen Ecke des Exercierplatzes" (Fidicin). Gemeint ist die Nordwestecke, also jene Stelle, an der später die Straße „In den Zelten" beginnt. Da der Platz zu dieser Zeit keinen offiziellen Namen hat, ist das Gebäude unter der Anschrift „am Exercierplatz im Thiergarten" bekannt.

Am 6. April 1789 erhält der Prinzliche Kammerdiener Dupont das Grundstück zwecks Urbarmachung und Hausbau. Laut Erbpachtvertrag ist jährlich ein Zins in Höhe von 1 Taler, 9 Groschen und 2 Pfennigen abzuführen. Der Vertrag enthält die Vorschrift, das Haus nach allen Seiten als ein point de vue mit zierlichen Fronten zu gestalten.

Krolls Etablissement und Villa Beer, Stahlstich. 1855

Grundstück und Erbpacht gehen schon kurze Zeit später, im Jahre 1795, an den Hofjuden und Bankier Liepmann Meyer Wulff, danach – wohl um die Jahrhundertwende – an dessen Schwiegersohn, den Bankier und Zuckerfabrikanten Jacob Herz Beer. Dieser ist einer der reichsten Bürger der Stadt, er unterhält vielfältige internationale Handelsbeziehungen und ist Vorstand der neuen Börse. Auch zählt er zu den Trägern der jüdischen Reformbewegung.

Ab 1817 gelangt die Villa am Exerzierplatz, zu dem ein großes Gartengrundstück gehört, in das Eigentum Beers.

Amalie Beer, Portrait von Carl Kretschmar. Vor 1800

Zu diesem Zeitpunkt ist das Anwesen, inszeniert durch die geistvolle Gattin Amalie, Trägerin des Luisenordens für vorbildliche Pflege von in den Freiheitskriegen Verwundeten, längst zum Sammelpunkt des Berliner wissenschaftlichen und künstlerischen, auch des politischen Lebens geworden. Man begegnet in diesem Salon bürgerlich aufgeklärter Geselligkeit der Biedermeierzeit allen gefeierten Persönlichkeiten der Zeit, darunter den späteren preußischen Königen Friedrich Wilhelm IV. und Wilhelm I. Ein Zeitgenosse behauptet gar: „Im ersten Drittel diese Jahrhunderts konnte in ganz Berlin kein Haus in geselliger Beziehung an Glanz mit dem Beerschen verglichen werden." Der schöne Garten eignet sich gut für große, gesellige Sommerfeste. Felix Eberty, Verfasser der lesenswerten „Jugenderinnerungen eines alten Berliners", nimmt ausdrücklich Tanzstunden, um in Beers Garten seiner Angebeteten näherzukommen. Seine tänzerischen Fähigkeiten reichen indes nicht aus. (Felix Eberty, Jugenderinnerungen eines alten Berliners, Berlin 2015, S. 99, 283).

Als Direktionsmitglied des 1824 durch Friedrich Cerf am Alexanderplatz gegründeten, vom königlichen Hof unabhängigen Königsstädtischen Theaters tut sich Herz Beer auch als Kunstfreund hervor.

Den vier Söhnen wird eine umfassende Bildung zuteil – bis hin zum Schönschreibeunterricht durch den damals bekannten, in höchsten Kreisen tätigen Kalligraphen D. Curländer. Und diese „Investitionen in den Menschen" tragen in drei Fällen reiche Früchte. Wilhelm Beer, Geheimer Kommerzienrat, Bankier und Amateurastronom, baut nach dem Ableben seines Vaters im Jahre 1825 das Obergeschoss des Hauses in eine Sternwarte um und verfertigt zusammen mit dem Astronomen Johann Heinrich Mädler eine auf genauen Messungen beruhende Mondkarte. Er lebt bis zu seinem Tod 1850 in diesem Haus. Der zweitjüngste Bruder Michael ist Schriftsteller und hinterlässt der Nachwelt seine dramatischen Werke „Der Paria" und „Struensee". Der vierte Sohn Heinrich fällt mit seiner zügellosen Verschwendungssucht und mit weiteren Eigenheiten aus der Reihe. „Der wunderliche Mensch ... hatte eine ebenso wunderliche Freundschaft mit dem Philosophen Hegel und mit Alexander von Humboldt, ... deren Vorlesungen er meistens hörte und nachschrieb, ohne ein Wort davon zu verstehen." (ebenda, S. 98).

Giacomo Meyerbeer, Lithografie von Josef Kriehuber. 1847

Auch der älteste Sohn Jakob, geboren 1791 auf der Reise seiner Mutter nach Frankfurt (Oder) in Tasdorf, verbringt seine Jugendjahre im naturnahen Heim der Beerschen Villa. Der bedeutende dramatische Tondichter, der übrigens auch zum Drama „Struensee" des Bruders die Musik schreibt, ändert 1810 seinen Namen von Jacob Meyer Beer in Giacomo Meyerbeer. Er macht seine Karriere in Italien, hauptsächlich indes in Paris, wohin es ihn auch immer wieder zieht. Zwischendurch erhält er von Friedrich Wilhelm IV. die Ernennung zum Generalmusikdirektor der Berliner Oper, ein Amt, das er 1842 mit dem sechs Jahre zuvor in Paris uraufgeführten und wohl bekanntesten Werk „Die Hugenotten" antritt. Meyerbeer stirbt 1864 in Paris und wird gemäß seiner Verfügung auf dem Jüdischen Friedhof in Berlin, Schönhauser Allee bestattet.

Nach dem Tode von Amalie im Jahre 1856 wird das Haus an die preußische Marine vermietet, danach verkauft. Zum Zeitpunkt ihrer Abtragung im Jahre 1877 gehört die Villa einem Rentier namens Gottschalk.

Grabmal der Familie Beer auf dem jüdischen Friedhof Berlin-Pankow

Im Vergleich zur Villa Beer ist das Haus am Nordrand des Exerzierplatzes winzig und von denkbar geringster Ausstattung. Es existiert mindestens seit Anfang der zwanziger Jahre des 19. Jahrhunderts. Das ist zu früh, um bereits eine offizielle postalische Adresse zu besitzen. Später trägt das Häuschen mit den zwei Akazien die Anschrift Schifferstraße 6. In dieser Zeit – den vierziger Jahren – wächst hier ein Kind heran, das zum Tagesgespräch der Berliner wird. Anders als bei Meyerbeer ist sein Ruhm indes von nur kurzer Dauer – und von höchst zweifelhaftem Charakter. (vgl. hierzu: Ferdinand Meyer, Der Berliner Tiergarten, Berlin 1892, S. 115 ff.).

Der Vater ist seit vierundzwanzig Jahren Anweiser des oben erwähnten Holzplatzes der Königlichen Porzellanmanufaktur. Nie hätten er und seine Ehefrau sich träumen lassen, dass sich – wie dies tagtäglich in diesen späten Monaten des Jahres 1848 geschieht – vor ihrem bescheidenen Anwesen Schlangen von Besuchern bilden. Nicht nur einfache Menschen, auch vornehme Personen in Equipagen und Droschken begehren Einlass. Nicht weniger als fünf Polizisten müssen für Ordnung sorgen. Ihre Aufgabe besteht unter anderem darin, die beschriebenen Zettel der Wartenden einzusammeln und den Einlass zu regeln.

Drinnen empfängt die zwölfjährige Luise Braun, die Tochter des Hauses. Sie bewirkt kraft des Gebets, dass Blinde sehen und Lahme gehen können. Vorangegangen sind der Erlangung dieser segensreichen Fähigkeiten ein auffällig extravagantes Benehmen, die Entlassung aus der Schule, eine Fieberkrankheit und mehrere Visionen von einer befehlenden himmlischen Macht, der das Mädchen folgen muss. Luise hat die Fähigkeit, sich in dieser Rolle glaubhaft zu präsentieren. Selbst vornehme und gebildete Personen lassen sich überzeugen. Die Sitzungen sind kostenlos; eine Übergabe anonymer Geschenke lässt sich indes kaum verhindern.

Die Tätigkeit der Wunderheilerin erstreckt sich über mehrere Jahre, obwohl zwischenzeitlich ein Arzt den Berlinern horrende Selbsttäuschung diagnostiziert. Nüchternheit greift bei letzteren erst dann Platz, als sich Luise – inzwischen fast siebzehnjährig – am 22. Februar 1853 vor dem Kriminalgericht für „auf Wunsch und Befehl Gottes und des Führers Jonathan" begangener Betrügereien verantworten muss. Dabei ergibt sich, dass die junge Frau das ergaunerte Geld auf Bällen und anderen Vergnügungen verprasst hat. Sie habe lange an ihrer Wunderkraft geglaubt, vermerkt sie zu ihrer Entschuldigung, gebe diesen Glauben nun aber auf. Ihr Verteidiger meint gar, Dummheit sei eine Gabe der Vorsehung; nur beim himmlischen Richter könnten die Betrogenen klagen. Unbeeindruckt davon verurteilt der Gerichtshof zu einem halben Jahr Gefängnis und 500 Taler Geldstrafe oder statt letzterem weitere sechs Monate Haft. Voller Seelenruhe nimmt Luise Braun das Urteil entgegen. Nach Verbüßung der Strafe verschwindet die Wunderheilerin, ohne eine Spur zu hinterlassen.

Schräg gegenüber vom Braunschen Häuschen, nahe der Südostecke des Exerzierplatzes, steht ein Bau ganz anderer Art. Hedwig von Bismarck erinnert sich, dass sie von ihrer Wohnung an der Ecke Friedrichstraße / Unter den Linden aus „… Seiltänzer und Kunstreiter vom Brandenburger Tor her die Linden heraufziehen (sah). Sie hatten ihre Aufführungen damals und noch viele Jahre später in einem großen leinenen Zelt, das permanent, auch wenn es nicht benutzt wurde, am Rande des Tiergartens stand, an der Stelle, wo jetzt die Dorotheenstraße auf den Platz des Reichstagsgebäudes stößt." (Hedwig von Bismarck, Erinnerungen aus dem Leben einer 95jährigen, Berlin 2013, S. 27).

Die Rede ist vom ersten Zirkus Berlins, und es handelt sich durchaus um einen massiven Bau, nach London, Paris und Wien das vierte feste Zirkusgebäude in Europa. Erbaut wird er mit „hoher Genehmigung" durch den Zimmermeister Gustav Friedrich Richter. Den Mittelbau bildet eine mit ansteigenden Sitzplatzreihen ausgestattete Rotunde für akrobatische Darbietungen und Reitkunststücke; das Tageslicht fällt durch eine große Laterne ein. Ungefähr eintausend Menschen finden in dem stattlichen Holzbau Platz, für 15 Groschen in der Loge, aber nur zweieinhalb Groschen im Amphitheater. Ein Anbau auf der, vom Brandenburger Tor aus gesehen, rechten Seite ist ein kleines, von Carl Gropius ausgestaltetes Theater für pantomimische Vorführungen. Vor dem eigentlichen Zirkus betritt man das mit zwei Säulen geschmückte Empfangsgebäude mit dem Vestibül und den Kassen. Drei große Fenster über dem Eingang gehören zu einem geräumigen Zimmer, von dem aus die für den Hof bestimmte Loge zu erreichen ist. Weitere Anbauten enthalten eine Restauration und Wohnräume.

Der Richtersche Zirkus vor dem Brandenburger Tor

Eröffnet wird der „Circus vor dem Brandenburger Thor", der sich nach Richters Tod „Circus olympicus" nennt, am 21. August 1821 mit einer Ausstellung der „großen Königlichen Menagerie aus London", die die „allerseltensten Thiere" zeigt. Unter den Pantomimen ist eine besonders beliebt; sie trägt den Titel: „Das Bivouak und die Retirade (eiliger Rückzug – H. Z.) Napoleons". Dargestellt wird eine historisch-militärische Szene mit Märschen und Gefechten zu Pferde und zu Fuß. Im Mittelpunkt steht Napoleon, dem beim Rückzug das Pferd unterm Leib weggeschossen wird. Grenadiere der alten Garde schleppen unter bengalischer Beleuchtung das tote Tier auf einer Tragbahre beiseite. „Ein non plus ultra der Pferde-Dressur", heißt es – sicher zu Recht – in der Handlungsbeschreibung.

Im Richterschen Zirkus hat der spätere Altmeister der Zirkuskunst, Ernst Jakob Renz, ab 1842 seine ersten Auftritte. Sechs Jahre später, im Revolutionsjahr 1848 brennt das Gebäude im Zusammenhang mit den Märzereignissen ab.

Während sich im mittleren und westlichen Spreebogen weiterhin keinerlei Bauaktivitäten abzeichnen, prunkt neben dem Zirkus seit 1846 ein attraktiver Nachbar. Der dreiteilige Bau ziert den Ostrand des Exerzier- und späteren Königsplatzes. Er steht dort, wo sich heute das Reichstagsgebäude, Königsplatz 1–3, befindet.

Raczynskis Gemäldegalerie am Königsplatz

Nach einem Entwurf von Johann Heinrich Strack lässt der Graf Athanasius Raczynski, Diplomat, Sammler und Kunsthistoriker, auf vom König zum Nießbrauch überlassenem Grund und Boden ein Palais errichten. Letzteres ist Wohnhaus und zugleich öffentlich zugängliche private Gemäldegalerie, die sich im Obergeschoss befindet und über ein von Strack ersonnenes vorteilhaftes Lichtsystem verfügt. Eines der wertvollsten unter den 130 Gemälden ist Botticellis „Maria mit dem Kinde, umgeben von einem Chor singender Engel, mit Lilienzweigen in den Händen." Raczynskis Zuwendung gilt der neueren deutschen Malerei; mit der „Geschichte der deutschen Kunst" schreibt er ein in Fachkreisen bis heute als grundlegend eingeschätztes Werk.

Nur das mittlere, größte und später erweiterte Gebäude der von Raczynski insgesamt finanzierten, mit Säulengängen verbundenen Dreiflügel-Anlage gehört dem im preußischen Staatsdienst stehenden polnischen Grafen. Der nördliche Flügel enthält Künstlerateliers, die die preußische staatliche Verwaltung vergibt. Nutznießer sind u.a. die Maler Kaselowski, Engelbrecht,

Schröder, Cretius, Herrmann, Schubert, Gräfe und Teschner sowie die Bildhauer Stürmer und Franz.

Im südlichen Flügel wohnt und malt Peter von Cornelius, einer der Hauptvertreter des sog. Nazarener Stils; in seinen monumentalen Werken strebt er eine Neubelebung deutscher Frescomalerei an. Nach seinem Tod im Jahre 1867 bezieht Joseph Joachims Musikhochschule die Räume.

Erinnerung an Graf Raczynski, Friedhof der Domgemeinde St. Hedwig, Berlin-Mitte

Raczynski stirbt im Jahre 1874. Sein Sohn willigt schließlich in einen bereits zu Lebzeiten des Vaters staatlicherseits angestrebten Vertrag ein, der die Enteignung des Gebäudes vorsieht. Im Herbst des Jahres 1883 beginnt der Abbruch des Palais. Die meisten Kunstobjekte wandern 1903 als Dauerleihgabe der Familie in den damals preußischen Teil von Polen und bilden den Grundstock des Nationalmuseums von Posen.

Den Standort des Palais Raczynski nimmt seither das Reichstagsgebäude ein, das jüngste unter den historischen Bauwerken, die den Königsplatz umrahmen, zugleich das einzige, das heute noch steht und das nach mancherlei politischen Veränderungen wieder Parlamentssitz des vereinigten Deutschland ist.

Bereits im Juli 1871 wählt eine Kommission des Reichstags diesen Ort für den Bau eines neuen repräsentativen Parlamentsgebäudes aus. Aber erst am 9. Juli 1884 erfolgt im strömenden Regen die Grundsteinlegung mit den drei Hammerschlägen durch Kaiser Wilhelm I. Vorausgegangen ist ein Architektur-Wettbewerb mit 189 Entwürfen, den Paul Wallot aus Frankfurt a. M. gewinnt. Auch die Schlusssteinlegung am 5. Dezember 1894 erfolgt durch den Kaiser, nunmehr Wilhelm II. Unmittelbar danach hält der Reichstag seine erste Sitzung in dem neuen Haus ab. Erst nach der Revolution von 1919 wird über dem Hauptportal die Inschrift „Dem deutschen Volke" angebracht, die Wilhelm II. nicht gewünscht hatte. Das Gebäude präsentiert sich heute äußerlich mit veränderter Kuppel und im Inneren mit modernen und originellen Installationen.

Das Reichstagsgebäude

Neben dem Palais Raczynski müssen dem Reichstag und dem östlich benachbarten Sitz des Reichstagspräsidenten weitere Gebäude weichen: die ehemalige Kaserne (zuletzt Garnisonsverwaltung), der Sitz der Deutschen Eisenbahn Baugesellschaft, Sommerstraße 6–9 und das Haus von Rudolph Hertzog, Sommerstraße 5. Der Besitzer eines großen, auf viele Häuser der Breiten und der Brüderstraße verteilten Textilgeschäfts protestiert in einem an Bismarck gerichteten Brief vom 24. Dezember 1881 vergeblich gegen den Abbruch seines Wohnhauses. Sein Umzug erstreckt sich dann über nur wenige Meter, in die Roonstraße 7.

Wohnhaus Hertzog, Sommerstraße 5. Um 1880

Während das Anwesen Raczynski zu einem Zeitpunkt verschwindet, an dem die Bau-Belebung auf der Holzplatzbrache noch kaum wahrnehmbar ist, erlebt der Gebäudekomplex auf der gegenüberliegenden Seite des Platzes, unmittelbar südlich neben der Villa Beer gelegen, sowohl die Blüte als auch den Niedergang des Spreebogens.

Bei einem Besuch in Breslau 1841 begeistert sich König Friedrich Wilhelm IV. für den Wintergarten des Gastwirts Josef Kroll und bittet diesen, Ähnliches in Berlin zu errichten. Kroll erhält zum Nießbrauch das Grundstück an der Westseite des Exerzierplatzes, und der königliche Baumeister Ludwig Persius fertigt die Bauentwürfe. Das erste Konzert unter Anwesenheit des Königs am

15. Februar 1844 ist Stadtgespräch. Bemerkenswert ist nicht nur die prachtvolle Ausstattung des Etablissements, sondern auch dessen Dimensionen: bis zu 5.000 Personen können insgesamt in den einzelnen Lokalitäten gleichzeitig bewirtet bzw. mit unterschiedlichsten Veranstaltungen unterhalten werden. Fasziniert schreibt Agathe Nalli-Rutenberg in ihren Lebenserinnerungen: „Das Krollsche Etablissement war damals (Ende der vierziger Jahre – H.Z.) das Anziehendste der ganzen Weihnachtszeit für uns Kinder, wie auch für die Erwachsenen." (Agathe Nalli-Rutenberg, Das alte Berlin, Berlin 1907, S. 38).

Am 1. Februar 1851 kommt es zum Großbrand bei „Krolls". Feuerherd ist die noch immer gezeigte Weihnachtsausstellung mit dem beweglichen „Riesen-Cyclorama des Mississippi und Ohio" des Herrn Cassidy. Es erfolgt der Wiederaufbau in neuer Pracht, und Agathe N.-R., nunmehr im Heiratsalter und 1857 in Begleitung der Eltern an einem Sommerfest teilnehmend, schwärmt erneut:

Sommergarten in Krolls Etablissement. Um 1890

„Zuerst fand in dem großen Saale eine Theatervorstellung statt; dieser folgte ein solennes Abendessen, und dann eröffnete sich, zu unser aller Überraschung, ein Ball – draußen im Freien! Der ganze Garten war zu diesem Zwecke mit bunten Ballons und strahlenden Lampengewinden in der Tat feenhaft erleuchtet." (ebenda, S. 77).

Bei all dem ist aus heutiger Sicht zu beachten, dass Derartiges damals noch neu ist, und die Berliner sich an Dingen erfreuen, die später als überholt und altmodisch gelten. Auch sollte die andere Seite von Kroll, die günstigen Bedingungen für die Prostitution, nicht übersehen werden.

Unter dem Schwiegersohn Josef Krolls, Jacob Engel („Ohne Entree ist der Eintritt nicht gestattet"), kommt das Unternehmen trotz immer neuer Geschäftsideen aus den existenzbedrohenden Schwierigkeiten nicht heraus. Im Gegensatz zu Raczynski hätte er das Haus gern zum Zwecke von Abbruch und Reichstagsbau verkauft.

Ruine der Krolloper. 1951

Am 11. April 1896 übernimmt der preußische Fiskus das Anwesen, in dem sich inzwischen das „Neue Königliche Operntheater" befindet. In der Zeit der Weimarer Republik mutiert die Kroll-Oper zu einem Haus hochwertiger musikalischer Darbietungen für den kleinen Geldbeutel. Nach dem Reichstagbrand wird das Haus Königsplatz 7 zum bedeutungslosen NS-Reichstagslokal, und am 22. November 1943 zerstören es alliierte Bomben.

4 Berliner Stadtviertel mit Geburtswehen

Die – auch im Interesse des Berliner Magistrats liegenden – Bemühungen des preußischen Staates zur Besiedlung des Spreebogens und zur Urbanisierung weiterer Terrains werden durch die rasch anwachsende Stadtbevölkerung erzwungen. Für das Jahr 1840 weist die Statistik noch 323.000 Einwohner der preußischen Hauptstadt aus. Dreißig Jahre später hat sich diese Zahl auf 775.000 weit mehr als verdoppelt, und 1877 wird die Millionengrenze überschritten.

In zwei Himmelsrichtungen ist Berlin längst über die Grenze der Akzisemauer, jener massiven, bis in die zweite Hälfte der sechziger Jahre existierenden Stadtbegrenzung mit steuerlichen, polizeilichen und lange Zeit auch militärischen Aufgaben, hinausgewachsen. Mindestens 20.000 Menschen wohnen um 1840 bereits außerhalb dieser Linie. Im Norden liegen vor dem Hamburger und dem Rosenthaler Tor die berüchtigten Familienhäuser sowie „Neu-Voigtland", auch vor dem Königstor finden sich erste Ansiedlungen. Im Südwesten ist jenseits von Potsdamer und Anhalter Tor das sogenannte Geheimratsviertel entstanden. (vgl. Helmut Zschocke, Die Berliner Akzisemauer, Berlin 2012, S. 104–108, 161).

Peter Joseph Lenné (1789–1866), Grafik

Die Bebauungsplanung für den Spreebogen setzt daher schon zu Lebzeiten von Friedrich Wilhelm III., allerdings auf Initiative des Kronprinzen und späteren Königs Friedrich Wilhelm IV. ein. Am 14. Februar 1839 ersucht der preußische Kultusminister von Ladenberg den bedeutenden Landschaftsplaner Peter Joseph Lenné, einen Bebauungsplan einzureichen. (vgl. hierzu im Folgenden: Michael. S. Cullen, Platz der Republik, Berlin 1992, S. 23–25.) Letzterer soll sich nicht nur auf den Spreebogen erstrecken, sondern auch auf den südlich benachbarten Exerzierplatz (dem heutigen Platz der Republik) und dessen Ränder sowie auf das Gelände nördlich der Spree, auf dem sich seit 1719 eine die Stadtentwicklung in Richtung Nordwesten behindernde und inzwischen längst als zu gefährlich eingestufte Pulverfabrik und wenig davon entfernt ein Pulvermagazin befinden.

Lenné reicht im Oktober 1839 kurz hintereinander zwei Entwürfe ein. Beiden gemeinsam ist die Umwandlung des Exerzier- in einen Paradeplatz. Die Pulvermühle ist diesem Plan zufolge nach Spandau zu verlegen; damit könnte für Militärübungen ein Platz entstehen, dessen Fläche im Gegensatz zum alten Exerzierplatz alle Bewegungen der modernen Kavallerie ermöglicht. In beiden Plänen ist auch neben der Unterbaum- eine weitere Spreebrücke vorgesehen. Diese soll sich am Ort der heutigen Moltkebrücke befinden; die von ihr zum Paradeplatz anzulegende Straße verläuft spiegelbildlich zur Schifferstraße. Auch die Achse dieser Spiegelung, die am nördlichsten Punkt des Spreebogens beginnt, nach Süden führt und eine Art Hauptstraße bildet, sieht Lenné vor.

Der geplante Straßenverlauf Lennés kommt dem später realisierten nahe. Ganz anders bei den Überlegungen des Gartendirektors, wie die zwischen den Straßen liegenden Flächen der Holzplätze genutzt werden sollen. Im ersten Entwurf sind sie als Begräbnisplätze ausgewiesen. In die folgende Variante trägt Lenné zwei nebeneinander liegende Rechtecke ein, die wohl als Denkmalsplätze gedacht sind. Oberbaudirektor Karl Friedrich Schinkel, von der Regierung am 8. Mai 1840 mit einer Modifizierung der Lenné-Entwürfe beauftragt, nimmt im Spreebogen keine wesentlichen Veränderungen vor. Symmetrisch angelegte Grünflächen bestimmen bei ihm das Bild.

Bei diesen Entwürfen bleibt es zunächst. Umgesetzt wird davon nur die Verlegung von Pulverfabrik und -magazin. Festzuhalten bleibt, dass weder Lenné noch Schinkel für den mittleren und westlichen Spreebogen eine Bebauung vorsehen. Nur im östlichen Teil trägt Lenné in einem neuen Plan von 1844 entlang der Grenze zum Exerzierplatz eine Randbebauung ein.

Wie oben beschrieben, beginnt hier ja auch bereits in der zweiten Hälfte der vierziger Jahre die Bautätigkeit und weitet sich anschließend nordöstlich zum Spreeufer aus.

Niemand wagt sich hingegen an eine Hochbebauung des weitaus größeren Teils des Spreebogens heran. Das Problem dort ist die Bodenbeschaffenheit. Der feuchte Untergrund eignet sich allenfalls als Lagerplatz oder – wie Lenné und Schinkel vorschlagen – als Friedhof rsp. Grünfläche. Letzterer Status ist, Ironie der Geschichte, heute wieder erreicht.

Aber diese gegenwärtigen, im Vorwort zum Buch kurz beschriebenen Gegebenheiten unterscheiden sich dennoch in einem maßgeblichen Punkt von der bis zu den fünfziger Jahren des 19. Jahrhunderts herrschenden Situation: Der Rasen des Spreebogenparks liegt heute auf bebauungsfähigem Untergrund; dessen Qualität belegt nicht zuletzt die Standfestigkeit des fast eineinhalb Jahrhunderte alten, nur äußerlich veränderten und mit einem Erweiterungsbau versehenen Gebäudes, in dem sich heute die Schweizerische Botschaft befindet.

Bis es soweit ist, dass der Spreebogen in seiner Gesamtheit bebaut werden kann, sind neben dem Zustand des Untergrunds noch mancherlei andere Hindernisse zu überwinden.

Der Widerstand der Holzhändler

Im östlichen Spreebogen waren die Tatsachen der staatlichen Bebauungsplanung vorauseilt. Die Schifferstraße existiert als Trampelpfad spätestens ab den dreißiger Jahren des 18. Jahrhunderts, als man die Unterbaumbrücke als Wassertor der Akzisemauer errichtet und damit zugleich die Verbindung zwischen Charité und Exerzierplatz herstellt. Auch das Anwesen Seegerhof, dessen Erweiterung und die gleichnamige Straße entstehen mehr oder minder spontan, zwar mit Genehmigung, aber kaum im Resultat von Planungen des Staates. Allenfalls die spätere Fortführung dieser Straße nach Norden zum Spreeufer und dortige Bebauungen dürften auf staatspolizeiliche Kontrollen bzw. Eingriffe zurückgehen. Der Berliner Magistrat hat in dieser Zeit zu derartigen Veränderungen keine Entscheidungsbefugnisse

Beim großen „Rest" des Spreebogens liegen die Dinge anders als im Osten. Hier setzt Planungsfreiheit Verstaatlichung voraus. Von daher das Bestreben des preußischen Staats, den gesamten Spreebogen westlich der

Schifferstraße, der ausschließlich aus Holzplätzen besteht, in Besitz zu nehmen.

Und so wechseln in einem zähflüssigen Prozess die Eigentümer der Holzplätze. Mit dem Kaufmann Seeger, dem der geografisch mittlere der drei Märkte gehört, laufen die Verhandlungen bereits seit dem Jahre 1845. Seeger ist hartnäckig. Sowohl den Kaufpreis als auch das Angebot, ihn auf der rechten Spreeseite mit Flächen des ehemaligen Pulvermagazins zu entschädigen, lehnt er ab, letzteres mit der nur bedingt glaubhaften Begründung, dass die hypothekarischen Gläubiger seiner Grundstücke die Terrain-Austausche nicht genehmigen wollen. Die staatliche Seite muss indes möglichst verhindern, dass Seeger an Privat verkauft. Zu Recht vermerkt der preußische Innenminister Ernst von Bodelschwingh in seinem Bericht vom 30. Januar 1846 an Friederich Wilhelm IV., hinter den Ablehnungen und dem Hinausziehen der Verhandlungen stecke als wahres Motiv, dass

„… Seeger durch einen baldigen Verkauf seiner Grundstücke seine Vermögens Verhältnisse mehr zu ordnen beabsichtigt und zur Realisierung dieses Vorhabens sich auch in der neuesten Zeit mehrfach Gelegenheit gefunden hat. Denn nach den eingezogenen Erkundigungen sind bereits mehrere Kauflustige für die Seegerschen Grundstücke vorhanden, welche jetzt zwar die Absicht, die Letzteren als Holzplätze zu erhalten, vorgeben, höchst wahrscheinlich aber die Dismembration (Zerstückelung – H. Z.) derselben zum Behufe der Bebauung beabsichtigen und deren Spekulationen für den Fall der Realisation ihrer Projekte noch darauf gerichtet sein dürften, der Ausführung des Bebauungsplanes alle möglichen Schwierigkeiten entgegen zu stellen, um darauf den Staat zur Expropriation des Straßen-Terrains gegen vollständige Entschädigung zu nöthigen und einen noch größeren Gewinn zu erlangen." (Innenminister Ernst von Bodelschwingh, Bericht an König Friederich Wilhelm IV., 30. Januar 1846. Geheimes Staatsarchiv PK, Berlin, I HA Rep 89, Nr. 28628, Blatt 132–133).

Schließlich gelingt es den Vertretern des Innenministeriums, Seeger einen Teil seines Holzplatzes (15 Morgen, also 25.5 Ar) für 167 Taler abzukaufen. Im Gegenzug überlässt man ihm zunächst Flächen am Porzellangraben. Festgelegt ist weiterhin, dass der Fiskus auch diese überlassenen Grundstücke nach vierteljähriger Ankündigung zu den Terminen 1. April 1847 und 1. April 1849 erwerben kann. Darüber hinaus einigt man sich auf die Anlegung und Pflasterung neuer Straße am rechten Spreeufer auf einem ebenfalls Seeger gehörenden Grundstück und die Entschädigung des Kaufmanns durch Terrain vom Pulvermagazin. Es müssen indes in den folgenden Jahren noch weitere erhebliche Schwierigkeiten aufgetreten sein, denn erst im Jahre 1856 wird der Seegersche komplett zum Königlichen Holzplatz.

Den gleichen Status zum gleichen Zeitpunkt erlangt der kleine Holzmarkt auf der Ostseite der Schifferstraße (Nr. 9), der einem Händler namens Stange gehört und der dann 1860 als Baustelle ausgewiesen wird. Am längsten dauert es bei Kampmeyer am Spreeufer, aber auch sein Grundstück kann ab 1862 als „dem Fiscus gehörig" registriert werden. Am einfachsten lässt sich der Wechsel beim Holzplatz der Königlichen Porzellan-Manufaktur bewerkstelligen, letztere muss ohnehin 1867 ihren Standort in der Leipziger Straße zugunsten der Errichtung des Preußischen Abgeordnetenhauses aufgeben; sie zieht in die Wegelystraße am Tiergarten um, wo sie sich heute noch befindet.

Die alten unscheinbaren Häuser an der Westseite der Schifferstraße, zu großen Teilen von Personen bewohnt, die im Holzhandel oder auf dem Wasser tätig sind, werden bis Anfang der siebziger Jahren abgetragen.

Diese staatlichen Inbesitznahmen sind ein wichtiger praktischer Vorbereitungs-Akt zur Bebauung des Spreebogens. Nun kann das nächste Problem, die Verwandlung des feuchten in einen bebauungsfähigen Untergrund, angegangen werden.

Ein Weinberg überquert die Spree

Hier leisten Baumaßnahmen auf der anderen, genau gegenüberliegenden Seite der Spree wertvolle Hilfe. Wenige Jahre später wird man zur Auffüllung und Trockenlegung der großen feuchten, von Schlittschuhläufern bevölkerten Wiesen im benachbarten Nord-Spreebogen südlich von Moabit gewaltigen Aufwand treiben müssen. Einen ganzen Sommer lang schleppen Dampfboote große Spreekähne voller Sand vom rechten Gatower Havelufer vis-a-vis Schildhorn hierher, um das Gelände einen bis eineinhalb Meter aufzuschütten und Baugrund für das ab 1875 entstehende Hansa-Viertel zu schaffen.

Für das künftige Alsenviertel muss das zur Überdeckung der Holzplätze erforderliche Material lediglich quer über die Spree transportiert werden. Es fällt beim Bau des Humboldthafens (benannt nach dem Naturwissenschaftler Alexander von H.) an. Die Arbeiten konzentrieren sich auf die Jahre 1848 bis 1850, wie überhaupt öffentliche Bauvorhaben, die vielen Menschen Brot verschaffen, in diesen Jahren nach der aus Sicht der Herrschenden schockierenden Märzrevolution hoch im Kurs stehen. Als man zur Entlastung des Spree-Schiffsverkehrs in den Jahren 1848 bis 1859 den Berlin-Spandauer Schifffahrtskanal baut, der als Hohenzollernkanal oberhalb von Spandau in die Havel mündet, wird am Abzweig von der Spree dieser Hafen angelegt. Es entsteht eine 35.000 Quadratmeter große Wasserfläche, eingerahmt von Ladestraßen und Freilagerstätten für den Güterumschlag. Hier können zum gleichen Zeitpunkt fünfzehn Schiffe von 65 Meter Länge oder zweiundzwanzig 40 Meter lange Finowkähne abgefertigt werden.

Der Humboldthafen dient hauptsächlich dem Stückgutverkehr. Er ist lange Zeit – und besonders in den Jahren nach der Wende zum 20. Jahrhundert, als die Berliner Schifffahrt ihren Höhepunkt erreicht – der Kaufmannshafen Berlins, begünstigt auch durch die unmittelbare Nähe des Neuen Packhofs am Lehrter Güterbahnhof.

Neuer Packhof in Moabit. D. Günther-Naumburg 1885

Ein wichtiges Umschlagsgut ist übrigens auch Heu; Pferde prägen bis Anfang des 20. Jahrhunderts noch maßgeblich das Berliner Straßenbild, und so mancher Hinterhofstall beherbergt zu dieser Zeit eine Kuh. Seit 1882 überspannt den Hafen, der bis 1945 in Betrieb bleibt, die beim Bau des Hauptbahnhofs erneuerte Stadtbahnbrücke.

Humboldthafen, vorn Alsenbrücke, links Lehrter Bahnhof. F. Albert Schwartz um 1875

Erdreich zur Auffüllung der Holzplätze fällt nicht erst beim Ausschachten des Hafenbeckens an, sondern bereits durch das Abtragen eines kegelförmigen Berges, der im Wege steht, des Hohen Weinbergs.

Er ist einer von ca. 55 Weinbergen, die die Stadt seit dem 16. Jahrhundert umgeben und von denen Straßennamen wie Weinbergsweg oder Weinmeisterstraße noch heute zeugen. Berliner Wein ist bis in die ersten Jahrzehnte des 18. Jahrhunderts ein bedeutender Handelsartikel für Abnehmer in Thüringen, Sachsen und Böhmen. Die sandigen Anhöhen beiderseits des Urstromtals entwickeln hinreichend Wärme für ein gutes Gedeihen der Trauben. Auf vielen dieser Höhen befinden sich Wirtschaften, von denen aus man gute Aussicht auf die Stadt und deren Umgebung hat.

Der strenge Winterfrost von 1740 vernichtet alle Weinstöcke. Davon kann sich der Berliner Weinbau – wohl auch wegen einer nachfolgend partiellen Verschlechterung des Klimas – nicht mehr erholen. Zwar werden neue Weinstöcke gesetzt, aber der Traubensaft findet nur noch wenig Anklang. Glaßbrenner: „Nach Jenuß dieser moralischen Sorte jestehen sämtliche Verbrecher." (zit. n.: Hans Ludwig, Altberliner Bilderbogen, Berlin, o. J., S. 19).

Der Hohe Weinberg wird bereits im 16. Jahrhundert wirtschaftlich genutzt. Im Jahre 1698 erhält ihn der französische Flüchtling François Menardier in Erbpacht. Bis zum Jahre 1757 verbleibt der Menardiersche Weinberg in der Familie, bevor es zu weiteren Pacht- bzw. Eigentumswechseln kommt.

Zunächst ein beliebter Treffpunkt der französischen Kolonie, avanciert das Ausflugslokal auf dem Hohen Weinberg bald zu einem beliebten Wanderziel vieler Berliner. Die Aussicht von dort erstreckt sich über die Königlich Preußische Pulverfabrik hinweg bis zu den Zelten am anderen Spreeufer, der Blick nach Norden gleitet über die Weiten der Jungfernheide. Erfrischen und stärken kann man sich auch im Garten des „Sandkrugs", eines Gasthauses, das sich an Fuße des Berges, westlich der gleichnamigen, den Schönhauser Graben überspannenden Brücke, befindet.

Trotz der räumlichen Nähe des Auffüllguts stößt dessen Transport zum Holzplatz auf Schwierigkeiten. Einerseits muss das Erdreich wegen der noch unbeendeten Verhandlungen mit den beiden privaten Eigentümern zuerst auf die am weitesten entfernte Fläche, den Holzplatz der Porzellan-Manufaktur verbracht werden, wobei vor 1856 auch der gleichnamige Graben verfüllt wird.

Andererseits erweist sich der Transport über das Wasser als sehr aufwändig. In den Jahren 1855 und 1856 werden dafür Kähne benutzt. Diese Art der Beförderung ist sehr teuer und zeitraubend, da be- und entladen werden muss; überdies stehen nur zwei Transporter zur Verfügung. Letztere geraten schnell in einen Zustand, der eine Reparatur nicht möglich macht; man ist froh sie noch billig veräußern zu können.

Am 12. Juni 1858 unterbreitet ein Baumeister (mit nicht zu entziffernder Namensunterschrift) einen Kostenanschlag zum „Bau einer Laufbrücke über die Spree zum Transport der Erde vom Humboldt-Hafen zum ehemals Seegerschen Holzplatz." (Geheimes Staatsarchiv Preußischer Kulturbesitz PK, Berlin, I. HA Rep. 93 B, Nr. 5241).

Hoher Weinberg, Sandkrug und Sandkrugbrücke, Blick von Norden. F. A. Calau 1795

Aus dem mit preußischer Gründlichkeit gefertigten Kostenanschlag geht hervor, dass sich der finanzielle Aufwand für die Laufbrücke, wenn alle Hölzer beschafft werden müssen, auf 1060 Taler, davon auf Bau-Materialien 739 Reichstaler 23 Silbergroschen 4 Pfennige und auf Arbeitslohn 320 Rthlr. 6 Sgr. 8 Pf. beläuft. Sollte das liefernde Unternehmen das Holz später zurücknehmen, ermäßigen sich die Kosten auf 900 Taler. Durch Verbilligung des Transports und die Beschleunigung der Arbeiten würden indes nicht nur diese Aufwendungen zurückfließen, es käme auch zu Ersparnisse, „da ca. 5000 Schachtruthen (11.236 Kubikmeter – H. Z.) nach dem Seegerschen Holzplatze zu fördern sind und die Schachtruthe (4,45 Kubikmeter) in Anbetracht des einmaligen Einladens in die Karre, um 7 ½ Sgr. billiger zu stehen kommt, als wenn sie mittels Schiffs-Gefäßen gefördert werden müßte."

Kostenanschlag für Brücke zum Erdetransport vom Humboldthafen zum Spreebogen

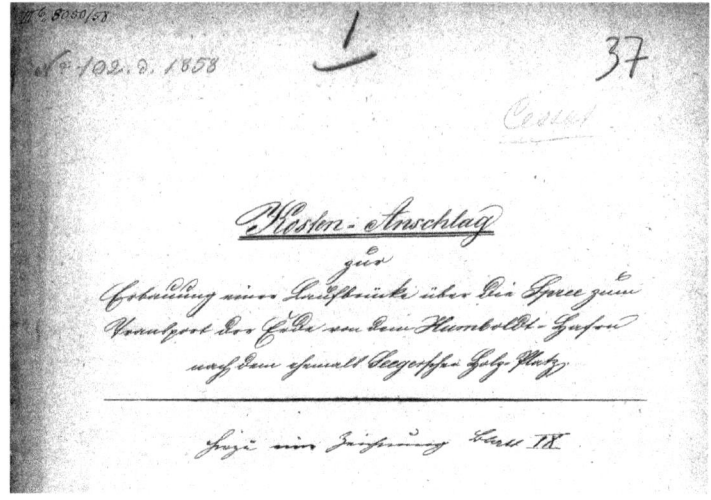

Die Fahrbahn für die Karren ist auf Pfahljochen vorgesehen, welche 20 Fuß (7,80 Meter) voneinander angebracht sind. Die zweizölligen Karrdielen liegen der Länge nach auf 4 Zoll (10,4 Zentimeter) starken Unterlagsbohlen. Vorgesehen sind zu beiden Seiten ein ganz einfaches Geländer und eine kleine Klappe zum Durchlass der Schiffe. Die Brücke soll nach dem linken Spreeufer hin ein Gefälle von 2 Zoll (5,2 Zentimeter) haben, was den Erdarbeitern das Karren etwas erleichtert.

Vorsorglich wird darauf verwiesen, dass die Laufbrücke nicht eher errichtet werden kann, bevor derjenige Teil des Kampmeyerschen Grundstücks, der zur Anlage des Karrenwegs erforderlich ist, „auf gütlichem Wege oder dem der Expropriation" zur Verfügung steht.

So wandert also der Menardiersche Weinberg samt Untergrund, aufgeteilt auf den Inhalt zahlloser Schubkarren, über die Spree. Auch ein Teil der Erde, die beim Aushub des Kanalbetts anfällt, geht diesen Weg. Nach dem ehemals Seegerschen kann ab 1862 auch der frühere Kampmeyersche Holzplatz zugedeckt werden. Eine Baukommission, die dem Minister für Handel, Gewerbe und öffentliche Arbeiten, Graf von Itzenplitz untersteht, sorgt dafür, dass das Gelände mittels Röhren entwässert wird. Dies geschieht hauptsächlich in den Jahren 1865 und 1866.

Erwartungsgemäß erweisen sich an den einzelnen Feldern des Spreebogens Aufschüttungen von ganz unterschiedlicher Höhe als erforderlich. Ein Profil durch den Untergrund des Spreebogens zeigt:

Untergrundprofil des Spreebogens

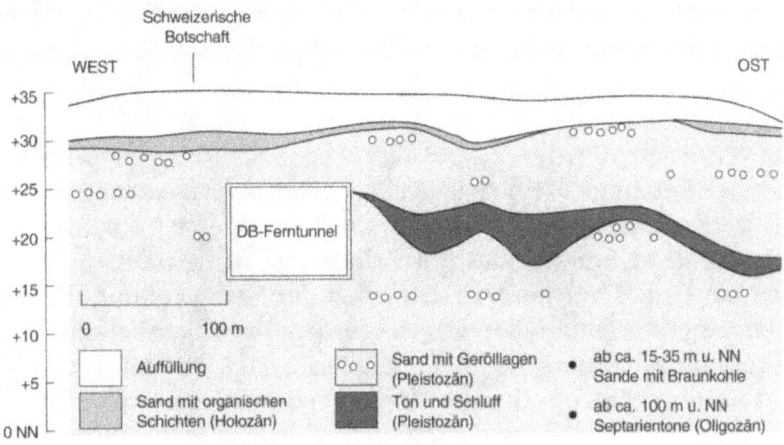

Ganz im Osten, jenseits der heutigen Kreuzung Otto-von-Bismarck-Allee / Konrad-Adenauer-Straße sind für die Bebauung kaum Auffüllungen nötig. Hier befindet sich nach Straubes Übersichtsplan von Berlin aus dem Jahre 1910 mit 33,86 Meter über Normalnull auch der tiefste Punkt des gesamten Geländes. An diesem Ort und weiter südöstlich bis zum Reichstag erfolgten ja wegen des nutzbaren Untergrunds die historisch ersten Bebauungen. In Richtung Spitze des Spreebogens, auf der späteren Straße Kronprinzenufer – heute ein schmaler Fußgängerweg – findet sich dagegen mit 36,86 Meter über NN die höchsten Punkte. Er liegt überdies ca. fünf Meter über dem Wasserspiegel der Spree; sehr bemerkenswert, wenn man bedenkt, dass einst weniger Meter weiter östlich der Porzellangraben gewissermaßen zu ebener Erde abzweigte. Über diesem Kanal und dessen unmittelbarer Umgebung dürfte eine besonders dicke Schicht Auffüllmaterials liegen.

Nun könnte es eigentlich losgehen: Der komplett in staatlichem Eigentum befindliche Baugrund kann problemlos die beabsichtigten zwei- oder dreistöckigen Gebäude tragen, die von Lenné und Schinkel vorgesehenen

Straßenführungen könnten abgesteckt und Parzellen eingerichtet werden.
Wenn dem nicht noch ein weiteres Hindernis im Wege stünde.

Die Eisenbahn auf dem Spreebogen

Quer über den Spreebogen führt seit 1851 eine Eisenbahnlinie, die dem preußischen Staat gehört. Aus militärischen Gründen angelegt, ist sie Tabu. (vgl. Helmut Zschocke, Die erste Berliner Ringbahn, Berlin 2009).

Eisenbahnlinie, Humboldthafen und Spreebogen 1857, Zustand (farbig) und Planung (weiß).

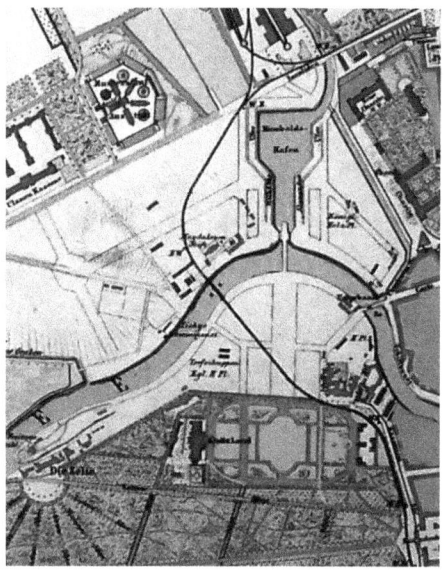

Vorausgegangen ist, dass zwischen den Jahren 1838 und 1846 in Berlin die ersten fünf Eisenbahnen entstanden sind. Der damit verbundene Fortschritt für den Personen- und Gütertransport ist kaum zu unterschätzen. Aber der Stadt, nunmehr Verkehrsdrehscheibe, erwachsen auch neue Probleme, besonders infolge der Anforderungen, die die aufstrebende Industrie stellt. Im Jahre 1848 werden fast 36.000 Tonnen Güter – Kohle neben anderen Bergbaurohstoffen, Getreide sowie weitere landwirtschaftliche Produkte und Erzeugnisse der verarbeitenden Industrie bzw. des Kleingewerbes – von einem Bahnhof zum anderen transportiert. Das bedeutet, dass allein aus diesem Grunde täglich in der Stadt schätzungsweise 500 bis 1.000 Pferdefuhrwerke unterwegs sind.

Ein besonders krasser Fall: Was nützt den Maschinenbauern vor dem Oranienburger Tor – 1847 sind es elf Unternehmen mit ca. 6.000 Arbeitern – die Nachbarschaft zum Stettiner Bahnhof, wenn ihre Lokomotiven und Waggons, ihre Brücken-, Kuppel- und Hallenkonstruktionen oder auch nur Schrauben und andere Kleinteile von Kunden aus dem Westen, Süden oder Osten bestellt werden? Wie kommt die Lokomotive von Borsig, Chausseestraße 1, zum Anhalter Bahnhof? Indem sie sich mühsam, auf einem niedrigen Plattenwagen vertäut, durch das Oranienburger Tor zwängt und die Friedrichstraße entlang"fährt". Schon auf dem ebenen Fabrikgelände sind mindestens vier Pferde nötig, um solche Lasten zu bewegen. Die vergleichsweise steile Anfahrt zur Weidendammer Brücke ist demgegenüber nur mit Hilfe der etwa verdoppelten Anzahl von Pferdestärken zu bewältigen.

Nach längerem Hin und Her gelangen Unternehmerseite und Preußische Regierung Ende der vierziger Jahre zu dem Entschluss, eine Schienenverbindung zwischen den fünf Bahnhöfen herzustellen, um das Umladen beim Gütertransport zu vermeiden (Zeitersparnis ca. 24 Stunden), um Betriebsmittel (Lokomotiven, Waggons) problemlos überführend zu können, um der beschleunigten Personenbeförderung willen und auch, um den Umschlagverkehr zwischen Eisenbahnen und Wasserstraßen besser zu vermitteln.

Alles ist für den Bau einer zweigleisigen Strecke vorbereitet, und dann kommt es zu einer Hals-über-Kopf-Aktion. Formal ausgelöst durch Feindseligkeiten von Kurhessen gegen die norddeutschen Staaten macht Preußen am 5. November 1850 gegen Österreich mobil. Schon 24 Tage später folgt dieser fehlgegangenen Drohung die Demobilisierung. Bei beiden Aktionen wird erstmals die Eisenbahn als Mittel zur massiven Konzentrierung von Truppen genutzt – und die Stadt zeigt drastisch, wie weit sie von ihrer Rolle einer funktionierenden Verkehrsdrehscheibe entfernt ist.

Das soll sich nicht wiederholen. Friedrich Wilhelm IV. ordnet an, so schnell wie möglich auf die dringendsten militärischen Bedürfnisses zu reagieren und eine provisorische eingleisige Schienenverbindung zunächst zwischen drei Bahnhöfen herzustellen. Kein Wort mehr von wirtschaftlichen Vorteilen oder von Anbindung an Wasserstraßen. Schon im Dezember 1850 beginnt die – staatlich finanzierte – Bauausführung auf dem Abschnitt vom Stettiner zum Hamburger Bahnhof. Es folgen die Bahnhöfe der Potsdamer, der Anhalter und der Frankfurter Eisenbahn. Bereits am 15. Oktober 1851 beginnt der Betrieb. Die Bahnen fahren überwiegend auf der Straße, und am Zielbahnhof werden die einzelnen Waggons über Drehscheiben mit dem hinter dem Empfangsgebäude liegenden Gleiskörper verbunden.

Die Verbindungsbahn auf der Invalidenstraße vor dem Hamburger Bahnhof.

Gegenüber dem ursprünglich weitaus anspruchsvolleren Zwei-Millionen-Bau kostet die in zehn Monaten errichtete Bahnhofs-Verbindungsbahn weniger als 300.000 Taler – nicht eingerechnet die anschließend über zwei Jahrzehnte hinweg für das Provisorium anfallenden hohen Instandhaltungs- und Erneuerungsaufwendungen.

Am Schluss verdankt das von der Geschäftswelt und dem zivilen Beamtentum über Jahre nur mühsam vorangebrachte Projekt seine Verwirklichung kriegerischen Ereignissen und militärischen Erfordernissen.

Bis zum Jahre 1865 kann der Spreebogen, jedenfalls sein mittlerer Teil, wegen der Trasse der Verbindungsbahn nicht bebaut werden. Von der Invalidenstraße kommend strebt der Bahndamm – quer durch den heutigen Hauptbahnhof – der Spree zu. Etwa 65 Meter östlich (also stadteinwärts) von der heutigen Moltkebrücke aus gesehen passieren die Gleise einen eigens für den Verbinder errichteten Flussübergang.

Die Verbindungsbahn ist generell ein Provisorium – für diese Drehbrücke gilt dies im besonderen Maße. Eine Überprüfung im Januar 1859 ergibt einen enorm baufälligen Zustand – nach acht Jahren! Die Lösung kann nur in einer neuen Überführung bestehen. Diesmal soll solide und so gebaut werden, dass die Brücke nach Außerbetriebsetzung des Verbinders weiter genutzt werden kann.

Die Brücken

Da fügt es sich glücklich, dass im Rahmen der Planungen Lennés und Schinkels ohnehin vorgesehen ist, die Moabiter Chaussee (heutiger Name Alt-Moabit) über den Fluss in den Spreebogen zum Königsplatz zu führen.

Unterspree-Eisenbahn-Brücke. Dahinter die Alsenbrücke

Die neue und zunächst namenlose Unterspree-Eisenbahnbrücke wird ab April 1864 gebaut und im August des folgenden Jahres dem Verkehr übergeben. Anschließend erfolgt der Abbruch der alten Drehbrücke. Der neue unter Hinzuziehung des Schinkelschülers Friedrich August Stüler mit vorzüglichem Material ausgestattete Bogenfachwerk-Bau gilt als die schönste Brücke der Residenz. Er ist 86 Meter lang und gut 15 Meter breit. Selbst bei höchstem Wasserstand gewährt die Brücke eine lichte Höhe von 3,14 Meter, bedarf also zum Durchlass des Schiffsverkehrs keiner beweglichen Teile. Um diesen Abstand zur Wasserfläche zu erreichen, werden die Ufer hochgelegt und separat Uferladestraßen eingerichtet, auf die weiter unten noch kurz einzugehen ist.

Moltkebrücke, rechts Generalstab, links österreichische Botschaft. Vor 1910

Moltkebrücke, Moltkebrücke, Marinepanorama (dann Kolonialmuseum), Lehrter Bahnhof. Um 1891

Im Jahre 1871 wird die Verbindungsbahn mit Fertigstellung eines ersten Abschnitts der heutigen Ringbahntrasse abgebaut. Die Brücke kann, wie vorgesehen, ausschließlich für den Straßenverkehr genutzt werden. Zuvor haben indes die Züge der Verbindungsbahn dafür gesorgt, dass die Jahre der Brückenbogen-Konstruktion gezählt sind. Letztere ist wenig geeignet, bedeutende Querkräfte und besonders die schweren Stöße der Tendermaschinen von einer Bogenhälfte auf die andere zu übertragen. Schon im Januar 1866 werden auffällige Scheitelsenkungen registriert, möglicherweise auch wegen der Nachgiebigkeit der Widerlager. Im Jahre 1884 muss die Brücke, 1875 nach dem preußischen Generalstabschef Helmuth von Moltke benannt, für Lastfuhren gesperrt und danach – nunmehr unter der Regie der Stadt, die die Brücken 1876 vom preußischen Staat übernimmt – bis 1891 völlig umgebaut werden. Das Resultat ist die heutige, zwischenzeitlich im Zweiten Weltkrieg beschädigte Moltkebrücke, verblendet mit rotem Sandstein und reich mit Skulpturenschmuck ausgestattet.

Gleis der Verbindungsbahn auf der Moltkestraße. Liebenow-Plan 1867

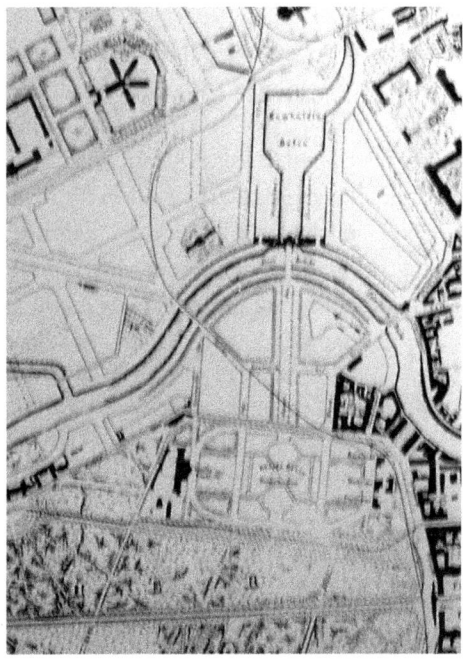

Gleis der Verbindungsbahn vor dem Eckhaus Schifferstraße Exerzierplatz. F. A. Borchel 1854

Jenseits der Brücke, im Spreebogen, verläuft die Bahntrasse in Richtung Südosten auf der Straße, die ab 10. Januar 1867 Molke- und seit dem 16. Januar 1989 Willi-Brand-Straße heißt. Am Nordrand des Königsplatzes trifft sie wieder mit dem Verlauf der alten Strecke zusammen, die den kürzeren Weg über die Holzlager eingeschlagen hatte. Das Gleis führt nun – etwa auf der heutigen Paul-Löbe-Allee – nach Osten hinter das Palais Raczynski, das später zugunsten des Reichtagsgebäudes abgebrochen wird, von dort zum Brandenburger Tor, wo es dann anschließend innerhalb der Akzisemauer weiterläuft.

Spreebogen, Humboldthafen und Neuer Packhof. 1896

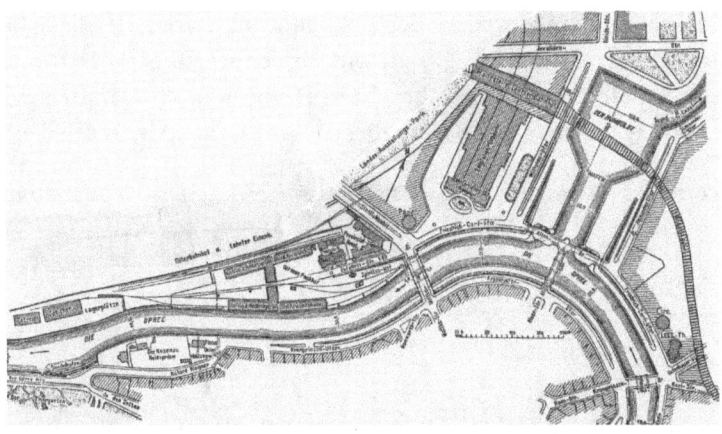

Die o. g. Uferladestraßen, an denen zusätzlich zum Humboldthafen Güter umgeschlagen werden, entstehen zwischen 1858 und 1864. Sie sind 15 Meter breit und werden von 3,90 Meter hohen Futtermauern aus Kalksteinquadern begrenzt. Diese mit Freitreppen ausgestatteten Mauern sind ¾ fach geböscht und 4,80 Meter lang; große Teile sind noch vorhanden.

Ufermauer und Brückenwiderlager

Der Wasserspiegel liegt rund 2,50 Meter unter dem Niveau der Ladestraßen, die dadurch mit dem Oberdeck der Lastkähne ungefähr eine Ebene bilden. Ein Foto aus dem Jahre 1904 zeigt, wie auf der gegenüberliegenden Ladestraße unterhalb des Friedrich-Carl-Ufers (Name seit 1871) mittels des von einem Pferd (ganz links Mitte) betriebenen Schiffskrans Mehl entladen wird.

Ladestraße Friedrich-Karl-Ufer. Im Hintergrunde die erneuerte Alsenbrücke

Am oberen Rand der Böschungsmauern verlaufen Uferstraßen. Außerdem wird der Spreebogen bei gleicher Gelegenheit kanalisiert und begradigt. Den Wassertand der Unterspree reguliert die zwischen 1882 und 1885 gebaute Charlottenburger Schleuse. Alle Arbeiten finanziert der Fiskus. Eigene Häfen darf die Stadt erst ab 1886 errichten.

Zur gleichen Zeit, in der die Ladestraßen und Ufermauern gebaut werden, legt die Königliche Ministerial-Baukommission am nördlichsten Punkt des Spreebogens die Alsenbrücke an. Dieses Bauwerk, von dem heute noch das am Beginn des ersten Buchkapitels erwähnte Widerlager existiert, ist eine Rarität. Sein nördliches Ende lagert nicht in der Ufermauer, es teilt sich vielmehr in zwei massive Seitenbrücken, die die Einfahrt zum Humboldthafen überspannen. Die Brücke bildet die Form eines „T".

Alsenbrücke, Detail. Hermann Rückwardt. 1910

Sie ist rund 80 Meter lang. Auf den Backsteinpfeilern ruhen gusseiserne Bögen, von denen drei das Wasser und der vierte die südliche Ladestraße überspannen. Die Brücke hat eine Breite von 14,13 Metern, wovon die Fahrbahn 7,85 Meter und die beiden Granittrottoirs je 3,14 Meter beanspruchen. Die massiven Teile an den Brückenenden schmücken Balustraden aus Nebra-Sandstein und gebranntem Ton, während die über dem Wasser installierten Geländer aus galvanisch bronziertem Eisenguss bestehen, dessen Entwürfe von keinem Geringeren als Friedrich August Stüler, Architekt des Königs, stammen.

Die Idee Lennés, die Brücke in gerader Verlängerung der Hauptstraße des Spreebogenviertels und der Achse des Humboldthafens anzulegen, lässt ein respektables Maß stadtplanerischer Ästhetik erkennen. Praktisch ist sie nicht. Wer die Brücke vom Spreebogen aus überquert, muss sich auf dem Friedrich-Carl-Ufer nach links wenden, wenn sein Ziel Moabit ist. Dorthin kommt man aber schneller über die spätere Moltkestraße und die Vorläuferin der Moltkebrücke, die dem Verkehr fast gleichzeitig mit der Alsenbrücke übergeben wird.

Kronprinzenbrücke. G. Bartels 1907

Analog führt der kürzeste Weg zur Charité in der Friedrich-Wilhelm-Stadt über die Schifferstraße und die Unterbaumbrücke. Letztere ist übrigens noch immer die alte Holzbrücke. Sie wird erst in den Jahren 1877 bis 1879 durch einen massiven 22 Meter breiten Flussübergang ersetzt, der den Namen Kronprinzenbrücke erhält. Die Brücke wird im Krieg gesprengt und erst in den Jahren bis 1996 – da vorher im Mauer-Grenzgebiet liegend - neu errichtet wird.

Für den Stadtflaneur mag der kleine Umweg über die Alsenbrücke kaum als lästig empfunden werden. Für den Schiffer mit seinem Lastkahn ist die

Brücke, jedenfalls ihr zum Humboldthafen führender Teil, ein Hindernis. Mühsam muss das Fahrzeug nach einer rechtwinkligen Drehung auf der Spree durch eine der beiden schmalen Öffnungen bugsiert werden, was besonders bei starker Strömung viel Geschick erfordert. Später fügt man deshalb eine dritte, schräg zur Stromrichtung liegende Brücke hinzu, deren Erweiterung dann auch den großen Elbkähnen Zugang zum Hafen gewährt.

Probleme ganz anderer Art zeigen sich nach einiger Zeit bei dem über die Spree führenden Teil der Alsenbrücke. Sowohl in der Konstruktion und als auch beim verarbeiteten Material stellt man Mängel fest. Infolgedessen muss der Fahrzeugverkehr im Jahre 1890 gesperrt werden. Es bleibt schließlich keine andere Lösung als der Abbruch. Dem Neubau, im Jahre 1899 fertiggestellt, liegen Entwürfe von Friedrich Krause und Ludwig Hoffmann zugrunde. Die Konstruktion ist modern und verkehrsfreundlich: Mit einem einzigen Bogen wird der gesamte Fluss überspannt.

Erneuerte Alsenbrücke. Hermann Rückwardt 1900

Für einen Zeitraum von 29 Jahren bleibt das Bild der Alsenbrücke unverändert. Dann wird es im Zusammenhang mit dem Hafenausbau unumgänglich, die Verbindung zur Spree durch eine pfeilerlose 170 Meter lange Brücke zu überdachen. Das zwingt dazu, die Alsenbrücke in ihrer Gesamtheit abzutragen, was im Jahre 1928 geschieht.

Die neue Brücke am nördlichen Spreeufer benennt man nach dem Berliner Politiker Hugo Preuß. Die Nationalsozialisten ändern den Namen in Admiral-Scheer-Brücke. Im Zweiten Weltkrieg schwer beschädigt, wird sie, dicht an der Berliner Mauer liegend, nicht wieder aufgebaut. Die heutige, 24 Meter breite, mit zwei Fahrstreifen sowie Rad- und Gehwegen ausgestattete Brücke, im Jahre 2005 fertiggestellt und nunmehr Teil einer wichtigen Zufahrtsstraße zum Hauptbahnhof, erhält ihren alten Namen zurück.

Das Alsenviertel

Ab 1865 verbinden insgesamt drei Brücken den Spreebogen mit den nördlichen Nachbarregionen. Da unmittelbar danach auch die Akzisemauer fällt, ist das Viertel nunmehr aus allen Himmelsrichtungen bequem zu erreichen. Der Weg ist endgültig geebnet für die Entstehung eines einzigartigen spätklassizistischen Ensembles, das übrigens 1881 eingemeindet wird. Das erste Berliner Telefonbuch vom 14. Juli des gleichen Jahres notiert bereits sechs der insgesamt 140 Anschlüsse gewerblicher Bewohner für die Roon- und Alsenstraße, wobei damals jährlich zwei Kilometer Leitung 200 Mark und jeder weitere Kilometer 50 Mark kosten!

Das spiegelsymmetrisch angelegte Quartier erhält den Namen Alsenviertel. Die Namensgebung entspricht dem Zeitgeist. Nach den drei Einigungskriegen werden in Deutschland allerorts neue Straßen und Plätze nach Stätten militärischer Siege benannt. Nahezu jede größere Stadt hat bald eine Sedan-, eine Königgrätzer oder Alsenstraße. In Berlin sind es gar zwei ganze Wohnviertel (das andere ist die Keimzelle von Wannsee), deren Name an die Insel Alsen erinnern soll. Die Eroberung des Eilands hatte die Niederlage des Königreichs Dänemark besiegelt.

Alsenviertel und Alsenstraße von Süden. Nach 1928

Alle drei Brücken enden im Süden am Kronprinzenufer. Diese Straße verläuft oberhalb der Ladeflächen, die unmittelbar die Spree säumen. Ihren Namen, gemeint ist der Kronprinz und spätere Kaiser Friedrich III., der sich in den Kriegen gegen Österreich und Frankreich hervorgetan hatte, trägt die Straße zwischen dem 8. Juni 1871 und dem 24. Februar 1934. Östlich der Kronprinzenbrücke schließt sich das seit 1882 so titulierte Reichstagsufer an. Die anderen Straßen des Viertels erhalten mit einer Ausnahme schon am 10. Januar 1867 ihren Namen.

Die Achse des Viertels ist die Alsenstraße. Sie ist zwar nur 170 Meter lang und hat lediglich vierzehn Häuser. Aber mit ihrer im alten Berlin einmaligen Breite von 68 Meter übertrifft sie selbst die Straße Unter den Linden, wo sich die Hausfronten 60,40 Meter gegenüberliegen. Ein grüner Mittelstreifen unterstreicht ihre Attraktivität. Keine Pferde- bzw. Straßenbahn stört die Ruhe. Da die Straße am anderen Ende der Alsenbrücke keine gradlinige Fortsetzung findet, entfällt weitgehend der Durchgangsverkehr. Wer hier wohnt, verfügt über die beste Adresse im Viertel und eine der besten in der Stadt. Heute markiert den Verlauf der Alsenstraße die erwähnte, von rostigen Platten flankierte Kerbe in der Grünfläche des Spreebogenparks.

Erinnerung an die Alsenstraße

Die anderen vier Nord-Süd-Verbindungen sind nach Militärs benannt. Die bereits mehrfach erwähnten Straßen im Osten, die Roon- und die Hindersinstraße (Name erst ab 22. April 1872) finden ihr Spiegelbild jenseits der Alsenstraße in der Moltkestraße, benannt nach Generalstabschef Helmuth Graf von M. (heute Willy-Brand-Straße) und ganz im Westen in der Herwarthstraße, deren Name auf den Augsburger Adels entstammenden Generalfeldmarschall Karl Eberhardt Herwarth von Bittenfeld zurückgeht; er hatte am 29. Juni 1864 durch seinen Übergang nach Alsen den Widerstand der dänischen Streitkräfte gebrochen.

Die einzige Ost-West-Querverbindung am südlichen Ende der Alsenstraße heißt zunächst Bismarckstraße, dann, ab 1911, Fürst-Bismarck-Straße und heute Otto-von-Bismarck-Allee. Sie mündet in die von Nord-West kommende Moltke- bzw. in die aus Richtung Nord-Ost verlaufende Roonstraße, und zwar dort, wo diese beiden Verkehrsverbindungen nach Süden einknicken, bevor sie am Königsplatz enden. Dadurch entsteht eine namenlose rechteckige Fläche, die unmittelbar nördlich an den Königsplatz anschließt und genau wie letzterer durch Bäume, Sträucher, Rasen, Beete, Sitzbänke und Fußwege ein Ort von Erholung und Besinnung wird. Vier Figurengruppen aus Sandstein, die heute im Tiergarten stehen, schmücken die Ecken zur gedachten Verlängerung der Alsenstraße. Sie zeigen Soldaten in der Uniform der Befreiungskriege bei Kampf, Verwundung, Tod und Sieg.

Zwischen den Nord-Süd-Straßen legt die Baukommission – von links beginnend – vier Bauviertel fest: I zwischen Herwarth- und Moltkestraße, II zwischen Moltke- und Alsenstraße, III zwischen Alsen- und Roonstraße und IV zwischen Roon- und Hindersinstraße.

In den beiden mittleren Bauvierteln beginnen Parzellierung und Bautätigkeit vergleichsweise spät. Anders bei den beiden äußeren Areals. Bauviertel IV, ganz im Osten gelegen, ist – wie weiter oben dargestellt – bereits in den sechziger Jahren zu beträchtlichen Teilen belegt; hier konnten Bauherren zunächst auch ohne die komplette staatliche Vorbereitungsplanung tätig werden. Im Bauviertel I sind aufwendige Parzellierungen und Ausschreibung an Meistbietende – mit Ausnahme der drei Häuser an der Westseite der Herwarthstraße – nicht nötig. Der preußische Fiskus beansprucht das gesamte Gelände.

5 Vom Generalstab zum Reichsministerium

Der Bau des Generalstabsgebäudes, vom Kriegsministerium beauftragt und von den Architekten Fleischinger und Voigtel entworfen, beginnt unter der Leitung von Baumeister Goedeking im Herbst 1867. Nach dreieinhalb Jahren, im Frühjahr 1871, ist der mit rundbogigen Fenstern und Türen ausgestattete Bau bei einem Kostenaufwand von 1.110.000 Mark vollendet. In dem vom Architektenverein zu Berlin 1877 herausgegebenen Band „Berlin und seine Bauten" legt man Wert auf die Feststellung, dass diese Bauzeit „trotz der zum Teil schwierigen Fundierung auf Senkkasten und Brunnen" (Teil I, S. 273) eingehalten wurde. Der feuchte Wiesenuntergrund der ehemaligen Holzlager lässt grüßen – obwohl entwässert und von einer meterhohen Erdschicht überdeckt.

Das Gebäude des Generalstabs

Das Dienstgebäude des Generalstabs der preußischen Armee liegt ganz im Westen des Alsenviertels, dort, wo sich heute Ehrenhof und Leitungsgebäude des Bundeskanzleramts befinden. Während jedoch letztere nach Osten, in Richtung Paul-Löbe-Haus zeigen, blickt die 90 Meter lange Hauptfront des Generalstabsgebäudes nach Süden, zum Königsplatz. Die Seitenflügel erstrecken sich entlang der – inzwischen von Bundeskanzleramt überbauten – Herwarthstraße mit 55 Meter Länge und des abgeknickten Teils der Moltkestraße, der 62 Meter umfasst. Die vierte, nördliche Front des Hofes bildet ein Pferdestall.

Bundeskanzleramt

Generalstabsgebäude, Mittelbau der Hauptfront

Das Gebäude hat neben dem Kellergeschoss und dem Erdgeschoss zwei Etagen, wobei der jeweilige Mittelbau der Fronten am Königsplatz und in der Moltkestraße aus dem Dachgesims herausragt und ein drittes Geschoss enthält.

Im Kellergeschoss befinden sich neben den Dienstwohnungen des Personals, neben der Zentralheizung und der Vorratsräume die Werkstätten der Druckerei, der Buchbinderei und die Presse.

Generalstabsgebäude, Grundriss des Erdgeschosses

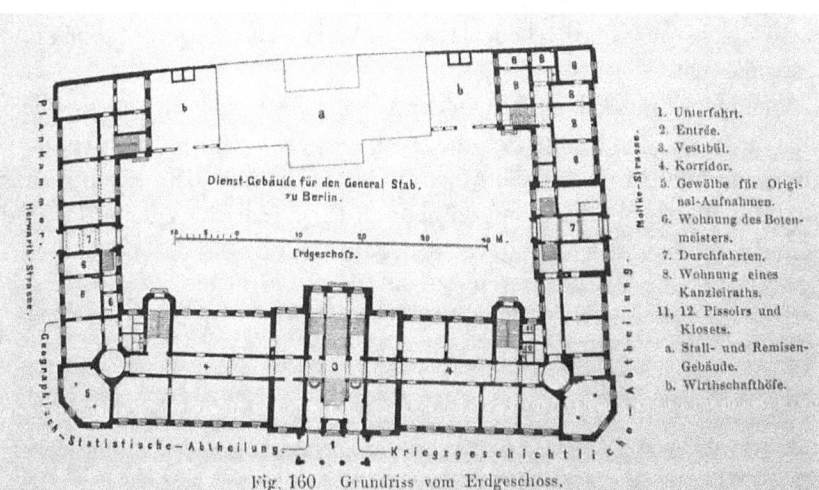

Das Erdgeschoss mit seinen gegen Feuergefahr überwölbten Räumen beherbergt die kriegsgeschichtliche, die geografisch-statistische Abteilung und die Plankammer sowie die Sammlungen von Dokumenten, Plänen, Karten, Instrumenten etc. Die erste Etage enthält neben den Büros der Eisenbahnabteilung und den Zimmern für Kanzlei, Registratur und Expedition die Dienstwohnung für den Chef des Generalstabs. Sie nimmt mit dreißig Fenstern den größten Teil des Stockwerks ein. Ihre der Repräsentation dienenden Räume sind reich ausgestattet. Das Arbeits- und Empfangszimmer der Chefs schmückt ein Figurenfries des Historienmalers v. Heyden, das den Werdegang der Waffenkunst zeigt. Ein Gesellschaftszimmer stattet G. Pflugrad mit zwei Landschaftsbildern aus.

123

Im zweiten Stockwerk befinden sich die Räume der trigonometrischen sowie der topografischen Abteilung, die in Preußen eine lange Tradition besitzen. Seit Generalstabschef Karl von Grolman, Schöpfer dieser Abteilungen im Jahre 1816, ist die Landvermessung eine der wichtigsten Tätigkeiten in Friedenszeiten. Denn ohne erstklassiges Kartenmaterial kann man die Aufstellung von Mobilmachungs- und Aufmarschplänen für den Ernstfall nicht bewerkstelligen (und die Geschichtsforschung profitiert bis heute davon). Hier finden sich die Büros für je ein bis vier Offiziere und große Säle für Zeichner, Kupferstecher und Lithografen. Die dritte Etage enthält je einen Zeichensaal und Nebengelasse zur Aufbewahrung von Mappen und Instrumenten.

Von den Schmuckelementen an der Fassade des Vorbaus fallen vor allem die von Moser und Schaper geschaffenen allegorischen Sandstein-Figurengruppen in der Mitte und die Adler an den Ecken über dem Hauptgesims auf. Reliefportraits der Könige Friedrich II., Friedrich Wilhelm IV. und Wilhelm I. zieren den Vorbau vor dem Mittelrisalit.

Generalstabsgebäude. Um 1880

Nach dem Ende des deutsch-französischen Kriegs und seiner Rückkehr aus Frankreich zieht der Generalstab 1871 in sein neues Domizil ein. Aber er kommt nicht als preußischer, sondern als Generalstab, zuständig für das gesamte Deutschen Reich (ohne Bayern), zurück. Seine Aufgabe – kontinuierliche Untersuchung, Ausarbeitung und Überprüfung der Pläne für Mobilmachung und Krieg – wird breiter und komplexer. Das Verwaltungsgebiet hat sich durch Baden, Württemberg und Südhessen vergrößert, und es gilt, Erfahrungen aus den Einigungskriegen inhaltlich sowie organisatorisch umzusetzen. Man benötigt viel Platz; und vorsorglich war daher bereits in den sechziger Jahren nicht nur der südliche Teil, sondern das gesamte Bauviertel I des Alsenviertels erworben worden.

Schon im Jahre 1873 wird das „Gesetz betreffend die Erweiterung der Dienstgebäude des Kriegsministeriums und Generalstabes in Berlin, sowie der Militär- Erziehungs- und Bildungsanstalten" (Geheimes Staatsarchiv Preußischer Kulturbesitz, Ausführung des Bebauungsplanes für das Pulvermühlenterrain und das gegenüberliegende linke Spreeufer, I. HA Rep. 93B, Bd. 8, 1871–1887, Nr. 1706) verabschiedet. Von den fünf Milliarden Franken Kriegskostenentschädigung sind eineinhalb Milliarden für derartige Zwecke reserviert. In den folgenden Jahren entsteht daher neben den Erweiterungsbauten des Generalstabs auch die Zentral-Kadettenanstalt in Lichterfelde, und das Kriegsministerium dehnt sich bis auf den Hof der Königlichen Porzellanmanufaktur in der Leipziger Straße aus.

Der Generalstab begründet im o. g. Gesetz die baulichen durch Personal- und Materialerweiterungen. Insbesondere die geodätischen und topografischen Arbeiten, schon bisher teilweise in gemieteten Räumen verrichtet, erfordern – so die Argumentation – räumliche Kapazitäten für künftig 120 Personen. Zusätzliche Erweiterungen dieses Fachbereichs durch die Vervollkommnung der Kartenvervielfältigung auf fotografischem Wege, verbunden mit der Einrichtung eines großen Ateliers seien unabdingbar. Die wichtigen Erfahrungen, die im Krieg mit dem Eisenbahnwesen gemacht werden konnten, erfordern, zeitweilig eine größere Anzahl von Offizieren in die bereits bestehende Abteilung zu kommandieren. Ihre Aufgabe: ortsbezogene Studien für die einzelnen Armee-Einheiten. Zusätzliches Personal benötige auch die kriegsgeschichtliche und die geografisch-statistische Abteilung. Weitere Dienstwohnungen müssten eingerichtet werden. Schließlich sei dem Neubau „... im Hinblick auf die Bedeutung, welche fleißige Reitübungen für den Generalstabsoffizier haben, ... eine Anzahl Stallungen für die Pferde der Offiziere des großen Generalstabs und eine Reitbahn beizugeben."

Die Bauarbeiten an den beiden neuen Flügeln – 124 Meter an der Moltke- und 85 Meter an der Herwarthstraße – erstrecken sich über die Jahre 1873 bis 1882. Der vergleichsweise lange Zeitraum kommt wohl wegen des erneut außergewöhnlichen Aufwands bei der Herstellung des Fundaments zustande, aber auch dadurch, dass neue fotografische Technik und ein hydraulischer Fahrstuhl zum Transport der schweren Lithographiesteine vom Keller in den dritten Stock angeschafft bzw. eingebaut wird. Außerdem entschließt man sich, den bereits fertiggestellten Gebäuden ein zusätzliches Stockwerk aufzusetzen. Geld spielt dabei offenbar eine untergeordnete Rolle. Im o. g. Gesetz werden Kosten in Höhe von 475.000 Taler, also 1.425.000 Mark veranschlagt. Am Ende verschlingt der Anbau mehr als das Doppelte, 3.055.380 Mark. (Berlin und seine Bauten, 1896, II, S. 405).

Generalstabsgebäude, Anbau Moltkestraße 6–7

Generalstabsgebäude und Haus Frerich (zweites von rechts). 1895

Das Gebäude weicht in seiner Formgebung von der älteren Anlage deutlich ab, nicht nur wegen der anderen Fassadengestaltung – rote Ziegelverblendung dort, hellgelbe hier –, sondern auch deshalb, weil es mit der benachbarten Stockwerkshöhe nicht übereinstimmt. Nicht nur aus diesem Grunde wirkt der Generalstabsbau, der sich über drei Straßen von zusammen 416 Meter Länge und sieben Eingänge erstreckt, insgesamt uneinheitlich, auch lassen etwa die Lichtverhältnisse im Innern des Altbaus nach vorliegenden Fotos zu wünschen übrig. Aber in seinen äußeren Hauptbestandteilen ist er architektonisch durchaus interessant und ansehnlich. Blickfang ist nicht nur die Hauptfassade am Königsplatz. Auch die von Baumeister Gerard in Form einer Rundung attraktiv gestaltete Zusammenführung der beiden Flügel an der Moltkebrücke mit dem schönen Haupteingang und den Friesen aus gebranntem roten Ton hinterlässt einen vornehmen Eindruck. Dahinter befindet sich übrigens ein attraktiver Festsaal sowie in zwei Stockwerken die innenarchitektonisch reich ausgestattete Bibliothek.

Das Generalstabsgebäude viele Jahrzehnte später als „heruntergekommen" zu bezeichnen, mag berechtigt sein. Aber ist es auch „hässlich", wie es der irischen Patriot Roger Casement in Llosas Roman „Der Traum des Kelten" empfindet, als er sich 1916 hier mit der Obersten Heeresleitung trifft, um für militärische Unterstützung des bevorstehenden Aufstands gegen die Briten zu werben? (Im Übrigen ist die Oberste Heeresleitung – OHL, wie der Generalstab nun heißt, während des Ersten Weltkrieges – wie bei allen Kriegen – kaum im Stammquartier anzutreffen).

Helmuth von Moltke

Der erste Hausherr im neuen Gebäude des Großen Generalstabs, wie letzterer häufig bezeichnet wird, bleibt der bedeutendste im Vergleich zu seinen Nachfolgern.

Helmuth Graf von Moltke, geboren im Jahre 1800, entstammt mecklenburgischem Uradel. Seine militärische Laufbahn beginnt in Dänemark, mit 22 Jahren tritt der Leutnant in die preußische Armee über. Maßgeblichen Einfluss auf ihn übt Carl von Clausewitz aus, dessen Hauptwerk „Vom Kriege" bis heute aktuell geblieben ist. Moltke erlebt ihn an der Allgemeinen Kriegsschule als Mentor.

Nach mehrjähriger Tätigkeit als Militärberater im Osmanischen Reich, seiner Versetzung zum Generalkommando am Rhein und einer kurzzeitigen Dienststellung als Adjutant von Kronprinz Friedrich Wilhelm wird der inzwischen zum Generalmajor Beförderte ab 1858 Chef des Generalstabs der preußischen Armee.

Generalfeldmarschall Graf Helmuth von Moltke. Gemälde von Franz v. Lenbach

In den militärischen Operationen der drei Einigungskriege 1864, 1866 und 1870/71 erweist er sich als hochbegabter Stratege. Seit den Siegen in diesen Kriegen umstrahlt den Generalstab der Ruf der Unantastbarkeit. Durch die starke Zurückhaltung in allen Tagesfragen, die Moltke bevorzugt, wird die Rolle des Generalstabs innerhalb der militärischen Hierarchie des Deutschen Reiches zusätzlich aufgewertet.

Helmuth Graf von Moltke in seinem Arbeitszimmer im Generalstabsgebäude

Generalfeldmarschall Moltke erkennt frühzeitig, dass „... die Handhabung großer Heereskörper im Frieden nicht zu erlernen (ist). Man ist auf das Studium nur einzelner Faktoren, so namentlich des Terrains, und auf die Erfahrung aus früheren Feldzügen beschränkt. Aber das Fortschreiten der Technik, erleichterte Kommunikation, neue Bewaffnung, kurz völlig veränderte Umstände lassen die Mittel, durch welche früher der Sieg errungen wurde und selbst die von den größeren Feldherren aufgestellten Regeln vielfach als unanwendbar auf die Gegenwart erscheinen." (Helmut Moltke, Verordnungen für die höheren Truppenführer vom 24. Juni 1864. Zit. n.: Heinz Helmert, Kriegspolitik und Strategie, Berlin 1970, S. 285).

Zu berücksichtigen ist nicht nur, dass die Industrialisierung die Ausrüstung der Armee verändert. Ganz neue Möglichkeiten ergeben sich auch für die Beweglichkeit des Heeres. Die Nutzung des neuen Verkehrsmittels Eisenbahn erlaubt, den langfristig geplanten Aufmarsch zur Gewinnung der Überlegenheit in der strategischen Hauptrichtung schnell zu realisieren.

Unter Moltke, dem „großen Schweiger", hochintelligent, weitgereist, fünf Sprachen beherrschend, wird der Krieg zur Domäne der Fachwissenschaft. „Genie ist Arbeit" – so Moltkes Leitspruch.

Vortragszimmer im Generalstabsgebäude. Um 1880

Der Generalstabschef schafft eine „... Gemeinschaft von Offizieren (übrigens Ende der achtziger Jahre bereits zur Hälfte aus dem Bürgertum stammend – H. Z.), die Charakter mit nüchternem Tatsachsinn, Zurückhaltung in Bezug auf die eigene Stellung neben dem Oberbefehlshaber, größter Exaktheit in der Methode, sorgfältiger Kalkulation des Erreichbaren, Kenntnis des technischen Fortschritts und Verantwortungsbewusstsein für die in ihre

Hand gegebenen Soldaten zu verbinden verstanden." (Walter Görlitz, Kleine Geschichte des deutschen Generalstabs, Berlin 1977, S. 77).

In der Folgezeit führt dies indes teilweise zu militärischen Fachleuten, die – ganz gegen den Sinn von Scharnhorst und Clausewitz – außerhalb des eigenen Bereiches hilflos sind, die nicht mehr fragen, wem der Dienst gilt und ggfls. froh sind, wenn andere entscheiden.

Grabmal Helmuth von Moltke, Invalidenfriedhof. Erinnerungsstein von 2007

Generalstabschef Moltke kündigt im Jahre 1888 den Dienst, gewiss aus Altersgründen, aber vermutlich auch, weil er voraussieht, dass bereits seit längerem schwelende Differenzen zum bisherigen Kronprinzen unter dem nunmehrigen Kaiser Wilhelm II. aufbrechen werden. Der enge Mitstreiter Bismarcks im Kampf um die deutsche Einheit, bis zuletzt am Ort seines Wirkens wohnend, stirbt am 24. April 1891. „Die in der preußischen Geschichte einmalige Kombination des genialen Staatslenkers und des genialen Feldherrn, Bismarck und Moltke, sollte sich niemals wiederholen." (ebenda, S. 80).

Waldersee, Schlieffen, Moltke d. J.

Nach der Thronbesteigung Wilhelms II. im Jahre 1888 wird der von Moltke protegierte Alfred von Waldersee Chef des Generalstabs. Dieser schaltet sich – im Gegensatz zu seinem Vorgänger – aktiv in die Politik ein. Er besitzt das ständige Vortragsrecht beim Kaiser und gewinnt unter Umgehung von

Kriegsministerium und Parlament eine einflussreiche militärische und politische Stellung.

Generalfeldmarschall Alfred von Waldersee

Hinter den Kulissen beginnt nun der Kampf aller gegen alle. Während Bismarck versucht, der Gefahr eines Zweifrontenkriegs durch ein System von Bündnis- und Freundschaftsverträgen zu begegnen, verurteilt Waldersee diese Diplomatie als „Schaukelpolitik" und beteiligt sich am Sturz des Kanzlers, der dann im Jahre 1890 erfolgt.

Um der drohenden politischen Isolierung Deutschlands in Europa zu begegnen, schwebt Waldersee ein Präventivkrieg gegen Russland vor, und zwar noch bevor es Frankreich gelingt, militärisch wieder zu erstarken. Es kommt nicht zur konkreten Vorbereitung dieses Plans; wegen einer Nichtigkeit – Waldersee besiegt im Kaisermanöver seinen obersten Dienstherrn und stellt damit ungewollt dessen strategische Fähigkeiten in Frage – muss der Generalstabschef schon 1891 seinen Posten wieder räumen. Später, in Jahren 1900/1901, wird er sich als Oberbefehlshaber der Interventionstruppen zur Niederschlagung des Boxeraufstands im Kaiserreich China zweifelhaften Ruhm erwerben.

Generalfeldmarschall Alfred von Schlieffen

Ihm folgt sein Stellvertreter, der einem pommerschen Adelsgeschlecht entstammende Alfred von Schlieffen. Zu seiner Amtszeit wird inzwischen allgemein erwartet, dass Deutschland im Falle eines Krieges an zwei Fronten kämpfen muss, zumal der 1887 von Bismarck abgeschlossene Rückversicherungsvertrag mit Russland, der die gegenseitige Neutralität im Falle eines Krieges gegen eine dritte Großmacht vereinbart hatte, 1890 von Wilhelm II. auf Anraten von Kanzler Caprivi nicht erneuert wird.

Es geht nun primär darum, welcher Gegner zuerst anzugreifen ist. Der Schlieffen-Plan sieht einen schnellen Angriff auf Frankreich vor; Paris soll innerhalb von sechs Wochen eingenommen werden. Dazu will Schlieffen den rechten Flügel der deutschen Streitkräfte über das neutrale Belgien und Luxemburg bis an die Flanke der Franzosen führen, die – so die Erwartung des Generalstabs – in Richtung Elsass-Lothringen marschieren werden. In Ostpreußen soll zunächst nur eine einzige Armee stehen und lediglich das Vorrücken der Russen verhindern. Nach dem schnellen Sieg über Frankreich plant man, die gesamte Truppenstärke des deutschen Heeres mit der Eisenbahn zügig an die Ostfront zu verlegen, um den zweiten Gegner niederzuringen.

Schlieffen und seine Nachfolger sind sich bewusst dass ihre Strategie eine Notlösung darstellt; jede der drei gegnerischen Armeen – die französische, russische und britische – ist mindestens so stark wie die deutsche. Aber die Richtung der politischen Entwicklung ist kaum noch umzukehren, schon gar nicht durch den außenpolitisch tatenlosen Kanzler Bethmann-Hollweg, der ab 1909 amtiert.

Grabmal Alfred Graf von Schlieffen, Invalidenfriedhof

Der Generalstab ist indes nicht nur Ausführender politischer Vorgaben. Besonders Helmuth von Moltke der Jüngere, nach dem Tod Schlieffens im Jahre 1906 zum Chef des Generalstabs ernannt, gefällt sich auch als Politiker. Bevor er als Hausherr das Stabsgebäude bezieht, hat er gegen Ende der achtziger Jahre bereits vorübergehend als Adjutant seines gleichnamigen Onkels hier gewohnt. Diese Dienststellung mag er zur Zufriedenheit seines Vorgesetzten wahrgenommen haben; als Chef des Generalstabs ist er allenfalls der Schatten des Älteren.

In nationalistischer Manier vertritt er die Auffassung, dass die „geistige Weiterentwicklung" der Menschheit nur durch Deutschland möglich ist. Voller Ungeduld erwartet er den Zeitpunkt, an dem es „endlich überbrodeln wollte." Eigenmächtig verhandelt er vor Kriegsbeginn mit Österreich-Ungarn und auch mit Belgien und belastet zusätzlich die diplomatische Handlungsfreiheit seines Landes.

Generaloberst Helmuth von Moltke der Jüngere

Moltke bricht in den ersten Kriegswochen nervlich zusammen. Nach der Schlacht an der Marne Anfang September 1914 – sie offenbart bereits einen Monat nach Kriegsbeginn das Scheitern des Schlieffenplans – enthebt ihn der Kaiser seines Postens. Er ist der Letzte, der Am Königsplatz 6, I. Etage wohnt.

Nachfolger Moltkes an der Spitze der Obersten Heeresleitung sind Erich von Falkenhain, ab 1916 Paul von Hindenburg und Erich Ludendorff. Letzterer wird 1918 durch Wilhelm Groener ersetzt. Groener ist der letzte Dienstherr im Generalstabsgebäude.

Nach Auflösung des Großen Generalstabs im Zuge der Bestimmungen des Versailler Vertrags verlagert das Reichsinnenministerium im Jahre 1919 seinen Sitz von der Wilhelmstraße 74 zum Königsplatz 6.

Die „Stoeckerei"

Politik wird im Generalstabsgebäude schon zu Zeiten betrieben, als das Haus einem Chef – Moltke dem Älteren – untersteht, der sich selbst aus diesem Wirkungsbereich möglichst heraushält.

Im Jahre 1884 bezieht Alfred Graf von Waldersee als Generalquartiermeister und damit Stellvertreter Moltkes d. Ä. seine Dienstwohnung in der

Herwarthstraße 2. Er wird dort auch in den drei Jahren als Chef des Großen Generalstabs verbleiben, da Moltke in der Wohnung Am Königsplatz 6 bis zu seinem Ableben 1891, dem Jahr der Entlassung Waldersees als Stabschef, verbleibt.

Marie von Waldersee

Nach außen gilt Waldersee vielleicht als Hauptakteur der politischen Intrigen, die in der Herwarthstraße gesponnen werden, die Initiative liegt indes nicht bei ihm, sondern bei seiner Frau. Mary Esther Lee ist die Tochter eines amerikanischen Lebensmittelhändlers. Mit achtzehn Jahren kommt die im Jahre 1837 Geborene nach Europa, und bald zeigt sich, dass sich bei ihr christliche Demut und machiavellistisches Intrigantentalent bestens verbinden. Ihre ausgeprägte Religiosität bringt die Kalvinistin dahin, alles, was sie erlebt und selbst bewirkt, als von Gott gewollt zu verbrämen. Sie ist fest entschlossen, „... Geld und Position, die ihr ein gnädiger Schöpfer verliehen hatte, zu genießen und ihr Herz jedem zu verschließen, der sie von der Macht fernhielt", so die Einschätzung ihres Biografen und entfernten Verwandten Alson J. Smith. (Alson J. Smith, A View of the Spree, New York 1962. Zit. n.: Der Spiegel, Hamburg, Nr. 28, 1962).

Als sie 1864 den verwitweten, 37 Jahre älteren Prinzen Friedrich zu Schleswig-Holstein heiratet, sein Testament zu ihrem Gunsten ändern lässt und ihren Gatten im Jahr darauf auf einer Reise nach Jerusalem verliert, sieht die Witwe in all dem ein Werk Gottes. Letzterer unterstützt sie auch in den jahrelangen aufreibenden Prozessen, die Verwandte des Prinzen gegen die vermeintliche Erbschleicherin und Mörderin führen.

Ohne sich zu verzetteln, steuert sie zielstrebig auf den zweiten Ehemann zu, den ehrgeizigen, nur fünf Jahre älteren, smarten Ulanen Alfred Graf von Waldersee. Die Hochzeit findet 1884, dem Jahr des Einzugs in die Herwarthstraße, statt. In der Folgezeit lässt die „weiße Maus", wie Waldersee wegen seines früh ergrauten Haares intern genannt wird, willig einiges über sich ergehen. Er raucht keine Zigarren mehr, geht auf Kur und hört sich jede Nacht ein Kapitel aus der Bibel an.

Zunächst scheint es, als ob sich die gesellschaftliche Betriebsamkeit der Gräfin hauptsächlich auf die deutsch-amerikanischen Beziehungen richte. An Feiertagen ihres Herkunftslandes versammelt sie in der Herwarthstraße befreundete deutsche Militärs zur gemeinsamen Huldigung Amerikas. Eine deutsche Regimentskapelle spielt US-Lieder, und während sich die Offiziere an transatlantischen Spezialitäten laben (Narraganset-Muscheln, Austern, Mais), verkündet die Gräfin, dass die Zukunft Deutschlands in der der „Heiligen Allianz" beider Staaten liege. Draußen weht an solchen Tagen das amerikanische Sternenbanner – auf dem Dach des Generalstabgebäudes Seiner Majestät des Kaisers des Deutschen Reiches.

Die Hauptstoßrichtung des ehrgeizigen Walderseeschen Programms ist indes nicht über den Ozean, sondern auf die nahegelegene Berliner Wilhelmstraße gerichtet. Laut Smith geht es Mary um nicht weniger, als „Alfred zum Reichskanzler und sich selber zur Herrin der mächtigsten Kanzlei Europas zu machen". (Alson. J. Smith, a. a. O.). Schnell verdient sie sich angesichts ihrer Hofkabalen den Spitznamen „Bismarck im Schlafrock". Das New Yorker Blatt „Graphik" resümiert: „Diese Amerikanerin repräsentiert alles, was im preußischen Leben und in der deutschen Politik besonders aggressiv, bigott und herrschsüchtig ist". (Der Spiegel, a. a. O.).

Prinz Wilhelm

Die Karriere der Mary, geb. Lee, ist indes undenkbar ohne den engen Kontakt zu Prinz, später Kaiser Wilhelm II., damals ein „charmanter, aber neurotischer junger Mann". Man lernt sich „um das Jahr 1880 herum" bei einer Inspektion des X. Armeekorps in Hannover kennen, und „fast auf Anhieb verstand sie ihn, wie ihn keine andere Frau, nicht einmal seine Mutter, verstand" (Smith). Zu diesem Zeitpunkt ist der Hohenzollernprinz um die zwanzig Jahre alt, hat ein viersemestriges Studium in Bonn absolviert und in seiner militärischen Karriere den Dienstgrad Hauptmann erreicht.

Die zweiundzwanzig Jahre Ältere empfängt den Prinzen täglich zum zweiten Frühstück und versucht in einer ersten Etappe ihrer Erziehungsstrategie dem in Potsdamer Offizierskreisen Verwilderten dessen Liebe zu pornografischen Bildern, Zigarren und Casinowitzen auszutreiben. Das innige Verhältnis zu „Willy" vertieft sich zusätzlich, als Mary dem allseits zur Heirat Gedrängten eine Ehepartnerin präsentiert. Es ist die Großnichte ihres ersten Gatten, die Prinzessin Auguste Victoria zu Schleswig-Holstein.

Im „brillandesten, politisch mächtigsten und einflußreichsten Salon Europas" (Smith) darf einer nicht fehlen. Der weiter oben erwähnte Weltverbesserer, Verfechter der inneren Mission und Antisemit Adolf Stoecker, wohnhaft zwei Straßenecken entfernt in der Hindersinstraße 7, ist der rechte christlich-soziale Gesinnungsfreund der Kalvinistin, die denn auch dessen

Beförderung zum Domprediger durchsetzt. Bald glaubt auch der Prinz, dass Stoecker „etwas von Luther" hat.

Marys Saloncharakter ist nunmehr komplett und mit den passenden Personen ausgestattet:

„Der Salon der Waldersees in der Herwarthstraße im roten Backsteinbau des Generalstabsgebäudes, sarkastisch auch die „Stoeckerei" genannt, wurde Mittelpunkt einer wunderlichen und in ihrer Mischung von reaktionärem Geist, übertriebener Wohltätigkeit und emsiger Frömmelei manchmal etwas widerwärtig erscheinenden, jedenfalls ganz unmilitärischen und unpreußischen Betriebsamkeit. Die Allianz Waldersee-Stoecker wandte sich gegen die Mächte der modernen Zeit, Kapitalismus, Sozialismus und Liberalismus." (Walter Görlitz, Kleine Geschichte des deutschen Generalstabs, Berlin 1977, S. 111).

Und das Ganze Wand an Wand mit Generalstabschef und Bismarckgetreuem Moltke, der in Waldersee seinen Nachfolger sieht, ohne allerdings dessen außermilitärische Aktivitäten gutzuheißen!

Gemeinsam mit Wilhelm arbeiten die Lady und Stoecker das Sozialprogramm aus, mit dem sich der Kaiser im Jahre 1890 den Zorn Bismarcks zuziehen wird.

Alfred von Waldersee macht auf seine Weise Stimmung gegen den eisernen Kanzler, etwa durch die Phrase: „Wenn Friedrich der Große einen solchen Kanzler gehabt hätte, so wäre er nicht der Große geworden", (Otto von Bismarck, Gedanken und Erinnerungen, Dritter Band, Berlin 1921, S. 48) oder etwa durch seine engen Kontakte zu Rudolf Delbrück. Dieser ist, wie weiter oben dargestellt, aufgrund seiner liberalen Grundhaltung vom engen Vertrauten zum Gegner Bismarcks mutiert. Nach seinem Rücktritt als Präsident des Reichskanzleramts verliert er seine Dienstwohnung und zieht in die Alsenstraße 4. Dort hilft ihm seine ehrgeizige Frau,

„… ein Haus zu machen, das eine eigene Note hatte. Die Delbrückschen Dinners waren kulinarische Meisterleistungen. Der treueste Hausfreund war Graf Alfred Waldersee, der bekannte General, in dem manche den berufenen Nachfolger Bismarcks erblickten. Die Gespräche am Delbrückschen Dinertisch bezogen sich nicht nur auf das Wetter und die Rezepte der dargebotenen leiblichen Genüsse." (Adolf von Wilke, Alt-Berliner Erinnerungen, Berlin 1930, S. 20).

Reichskanzler Bismarck, der über Waldersee gespottet hatte, er komme ihm vor, „als ob er vom Gänsesteiß gegessen hätte", verfolgt mit Sorge, wie der Prinz und künftige Kaiser mehr und mehr dem Einfluss der Lady und deren Umgebung unterliegt, eine Sorge, die der Kanzler übrigens mit dem Vater Wilhelms, dem kurzzeitigen Kaiser Friedrich III., teilt. In einem väterlich gutgemeinten Schreiben vom 6. Januar 1888 gibt Bismarck dem Prinzen zu bedenken, dass man sich doch die Frage stellen müsse,

Otto Fürst von Bismarck

„... wie viele von den Herren ein Interesse an der inneren Mission betätigen würden, wenn sie nicht wahrgenommen hätten, daß Ew. und die Frau Prinzessin der Sache Höchstihre Theilname zuwenden. Ich bin nicht bestrebt, Mißtrauen zu wecken, wo Vertrauen besteht; aber ein Monarch kann ohne einiges Mißtrauen erfahrungsgemäß nicht fertig werden, und Ew. stehen dem hohen Berufe zu nahe, um nicht jedes Entgegenkommen daraufhin zu prüfen, ob es der Sache gilt, um die es sich gerade handelt, oder dem künftigen Monarchen und dessen Gunst. Wer von Ew. Vertrauen in der Zukunft etwas begehren will, der wird schon früh streben, eine Beziehung ein Band zwischen sich und dem künftigen Kaiser herzustellen; und wie viel sind ohne geheimen Wunsch und Ehrgeiz? ..." Es müsse vermieden werden, „... daß Ew. schon als Thronfolger von der öffentlichen Meinung zu einer Parteirichtung gerechnet werden. ... Er (Stoecker – H. Z.) steht an der Spitze von Elementen, die mit den Traditionen Friedrich's d. Gr. in schroffem Widerspruch stehen und auf die eine Regierung des Deutschen Reiches sich nicht würde stützen können." (Otto von Bismarck, Gedanken und Erinnerungen, Dritter Band, Berlin 1921, S. 18–19).

Diese Korrespondenz ruft die „erste, vorübergehende Empfindlichkeit" des Prinzen Bismarck gegenüber hervor, bleibt aber, wie sich nachfolgend zeigt, nicht ohne Wirkung auf das Handeln des am 15. Juni 1888 inthronisierten Kaisers Wilhelm II. Er wird allmählich der frömmmelnden Intrigen der ältlichen Gräfin Waldersee überdrüssig. Fast gleichzeitig mit der Entlassung Bismarcks (1890), beendet Wilhelm die Regelmäßigkeit seines Kontakts zu Mary und lässt deren Ehemann als Generalstabschef ablösen. In die gleiche Zeit fällt die Abberufung Stoeckers als Hofprediger.

Nach der Abdankung des Kaisers beginnt für das Generalstabgebäude eine lange Zeit der Unruhe. Kurzzeitig, von Ende Dezember 1918 bis Anfang Januar 1919, nimmt General Lüttwitz, Oberbefehlshaber der Truppen in und um Berlin hier seinen Sitz. – Im Mai 1919 gelangt das Kartenarchiv des Generalstabs in die Preußische Staatsbibliothek. – Während der politisch wechselhaften Jahre der Weimarer Republik sieht das zum Reichsinnenministerium umgewandelte Generalstabsgebäude nicht weniger als zwanzig Hausherren kommen und gehen.

Reichsinnenminister Frick

Nach dem 30. Januar 1933 bezieht ein neuer Prinzipal das Haus. Unter ihm zieht Ruhe ein, Friedhofsruhe: Wilhelm Frick, geboren 1877 als Sohn eines Bezirksoberlehrers, 1930 erster NS-Minister in einer Landesregierung (Thüringen), 1946 hingerichtet.

Die Aufgabe des Reichsministeriums des Innern, das im Jahre 1934 mit dem analogen preußischen Ressort zusammengelegt wird, besteht darin, den Vorhaben und Maßnahmen des NS-Regimes einen legalen Anstrich zu verleihen. Innerhalb der Nationalsozialistischen Arbeiterpartei kursiert deshalb das Wort, wonach Hitler zwei Arme habe, Frick und Himmler. „Frick ist der Administrative, Himmler der Exekutive." (Günter Neliba, Wilhelm Frick Der Legalist des Unrechtsstaates, Paderborn, München, Wien, Zürich 1992, S. 159).

Wilhelm Frick

Unmittelbar nach dem 30. Januar 1933 leitet Frick die Gleichschaltung der Beamtenschaft in die Wege. Letztere, an Gehorsam gewöhnt und von SPD-Mitgliedern sowie anderen potentiell Oppositionellen „gesäubert", unterstellt sich bald weitgehend geschlossen loyal und dienstbereit der neuen NS-Obrigkeit.

Indem Reichsinnenminister Wilhelm Frick die nationalsozialistischen Ziele bedingungslos und eigeninitiativ verfolgt, erweist er sich als oberster Schreibtischtäter, der durch seine „legalen" Maßnahmen Voraussetzungen dafür schafft, „artfremde" und „ungesunde" Elemente im deutschen Volk zu liquidieren. Er ist der „Legalist des Unrechtsstaates". (ebenda, S. 392). Später wird der Nürnberger Gerichtshof bestätigen, dass die Gesetze, die den „verbrecherischen Vorhaben" zugrunde lagen, nur den „Anschein der Gesetzmäßigkeit" hatten.

Die wichtigsten am Königsplatz ausgearbeiteten Gesetze sind, chronologisch geordnet: das Gesetz über den Widerruf von Einbürgerungen und die Aberkennung der deutschen Staatsangehörigkeit vom 14. Juli 1933, das Sterilisationsgesetz vom 14. Juli 1933, das Gesetz gegen gefährliche Gewohnheitsverbrecher vom 24. November 1933, das Reichbürgergesetz vom 15. September 1935, das Blutschutzgesetz vom 15. September 1935, das Erbgesundheitsgesetz vom 18. Oktober 1935 und das Gesetz über die Änderung von Familiennamen und Vornamen vom 5. Januar 1938.

Für das „Reichsbürgergesetz" und das „Gesetz zum Schutz des deutschen Blutes und der deutschen Ehre" (Blutschutzgesetz) verlegt Hitler kurzzeitig den Reichstag nach Nürnberg. Dort werden diese Gesetze am 15. September 1935 zusammen mit dem „Reichsflaggengesetz", das die Farben Schwarz-Rot-Gold durch Schwarz-Weiß-Rot ersetzt, auf einem „Parteitag der Freiheit" gewohnt einstimmig verabschiedet.

Das Reichsbürgersetz setzt nach den Kommentaren von Staatssekretär Wilhelm Stuckard und Hans Globke, Referent im Innenministerium, die öffentlich-rechtliche Scheidung zwischen dem deutschen und dem – so bezeichneten – jüdischen Volk durch. Mehr als bloß Staatsangehöriger, nämlich mit vollen politischen Rechten ausgestatteter Reichsbürger könne nur sein, wer deutschen und artverwandten Blutes ist.

Das Blutschutzgesetz regelt die privaten Beziehungen. Es verbietet Eheschließungen sowie außerehelichen Verkehr zwischen Deutschen und Juden. Nach der Ersten Verordnung zum Reichsbürgergesetz vom 14. November 1935 ist Jude, wer mindestens drei volljüdische Großeltern hat. Danach trifft etwa eine halbe Million „Volljuden" die totale Ausgrenzung, während ca. 300.000 „Mischlinge ersten und zweiten Grades" der Status als Reichsbürger verlieren.

Systematisch treibt Fricks Ministerium zwischen 1935 und 1943 mit Hilfe einer lückenlosen Ergänzung von Gesetzes- und Verwaltungsregelungen die Ausgrenzung der Juden voran. Den Schluss bildet deren völlige Rechtslosigkeit, eine wesentliche Voraussetzungen zur „Endlösung". Übrigens kommen vom Reichsinnenministerium schon am 14. Juni 1938, also noch vor der sog. Kristallnacht, Vorschläge zur Zwangsarisierung jüdischer Wirtschaftsunternehmen.

Auch zur der Durchführung des Sterilisations- und Ehegesundheitsgesetzes schafft das Reichsministerium des Innern in Form von Gesundheitsämtern die Voraussetzungen. Und ohne die maßgebliche Unterstützung der Gesundheitsabteilung des Ministeriums hätten überdies die Euthanasiemaßnahmen, die sog. T4-Aktionen, nicht abgewickelt werden können.

Im Maße des Niedergangs des Regimes verliert die Legislative zugunsten der Exekutive an Bedeutung. Zwischen 1943 und 1945 ist Heinrich Himmler, Reichsführer SS und schon seit 1936 Chef der Polizei, auch Reichsminister des Innern und damit letzter Hausherr des ehemaligen Generalstabsgebäudes. Ob er dort auch – zumindest gelegentlich – residiert, ist nicht bekannt.

6 Adel und Bürgertum

Was im Osten in den sechziger Jahren schon weit fortgeschritten ist, beginnt Anfang der siebziger Jahre nun auch im Zentrum: Die Verwandlung des Spreebogens in ein Wohngebiet der besten Gesellschaft mit teilweise palastartigen Wohnhäusern. Dieser Prozess erstreckt sich über einen Zeitraum, der bis in die neunziger Jahre reicht.

Am 1. März 1866 klebt an den Berliner Litfaßsäulen ein Plakat der Baukommission: „Parcellierungs-Plan des fiscalischen Bauviertels III zwischen Schifferstraße und der nach der Alsenbrücke führenden Hauptstraße Nr. 1" Angekündigt wird für den 20. und 27. März die Versteigerung von Parzellen vor Ort. Die Größe der Bauflächen wird mit 40 bis 70 Quadrat-Ruthen (567 bis 993 Quadratmeter) angegeben.

Parzellierungsplan des Bauviertels III zwischen Schiffer- und Alsenstraße vom 1.3.1866

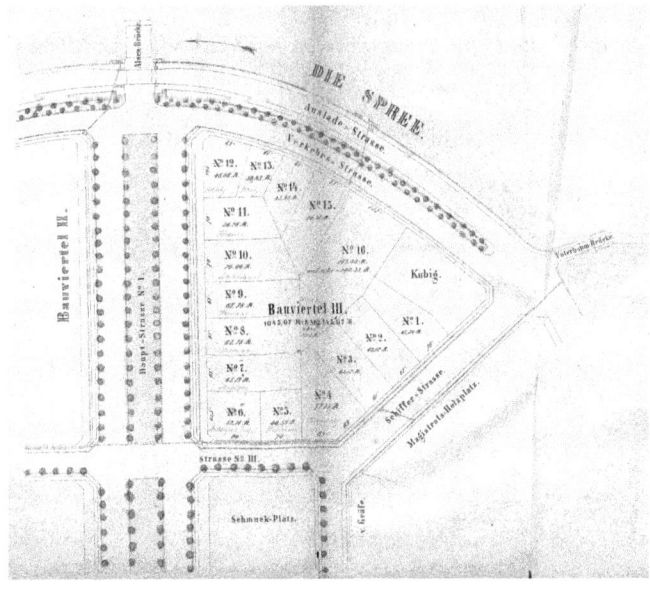

Die Bebauung lässt zunächst noch auf sich warten, aber dann, im Jahre 1870 weist das Berliner Adressbuch für die Ostseite der Alsenstraße erstmals ein bereits bezogenes, das Lachmannsche Haus aus sowie zwei im Bau befindliche Gebäude, die die Namen Mühlberg und Herrmann tragen. Die endgültige offizielle Nummerierung der Häuser in der Alsenstraße (Hauptstraße Nr. 1) steht zu diesem Zeitpunkt offenbar noch aus; daher die Bezeichnung nach Eigentümern.

Wenig später, mit Vertrag vom Februar 1872, ist auch der Verkauf von acht Parzellen des Bauviertels II, gelegen zwischen Alsen- und Moltkestraße, abgeschlossen. (Das metrische Maß ist soeben im gesamten Deutschen Reich eingeführt worden, und die Angaben erfolgen nun auch in Quadratmetern). Die Größe dieser Parzellen schwankt zwischen 532 und 1.317 Quadratmetern, der Kaufpreis – offenbar nicht nur nach Größe, sondern auch nach Lage der jeweiligen Parzelle gestaffelt – zwischen 18.300 und 53.300 Talern. Der Quadratmeterpreis bewegt sich im Bereich von 27 bis 43 Taler. Die jeweilige Summe ist in drei Raten bis November 1875 zu entrichten. Dem Fiskus fließen vom Verkauf dieser Grundstücke insgesamt 287.600 Taler zu; außerdem erhebt er von den Eigentümern anteilig die Rückerstattung seiner Kosten für die Straßenpflasterung in einer Gesamthöhe von 3.637 Taler.

Parzellenpreise und Pflasterungskosten im Bauviertel II zw. Moltke- und Alsenstraße, 1.3.1872

Der Staat hat sich den Erstverkauf gesichert, die Spekulation kann er indes nicht verhindern. Der Bankier Herrmann, wohnhaft am attraktiven Pariser Platz (Nr. 6), lässt bis 1872 nicht weniger als sechs Parzellen – vier in der Bismarck- und zwei in der Alsenstraße – auf seinen Namen eintragen. Im Jahre 1880 gehört ihm aber nur noch das Haus Bismarckstraße 2. Die anderen Grundstücke wurden mit Gewinn veräußert. Auch Lachmann, ein weiterer der drei o. g. „Siedlerpioniere" der Alsenstraße hat sein dortiges Eigentum inzwischen weiterverkauft. Allerdings hat er sich nicht aus dem Viertel zurückgezogen. Vier Gebäude am Kronprinzenufer, die Hausnummern vier bis sieben mit 35 Wohnparteien (1900) firmieren unter seinem Namen und sichern auskömmliche Mieteinnahmen.

Alsenstraße 6 Ecke Fürst-Bismarck-Straße. 1935

Die Häuser, die von den siebziger Jahren an im Alsenviertel entstehen, entsprechen äußerlich und innerlich hohen und höchsten Anforderungen. Typische Stadtvillen, d. h. nach allen Seiten freistehend und nur von einer Familie bewohnt, bilden indes von Anbeginn die Ausnahme und verschwinden in den folgenden Jahrzehnten auf dem Wege von Anbauten und Aufstockungen oder auch durch Neubauten fast ganz. Ab Anfang des zwanzigsten

Jahrhunderts gibt es im gesamten Viertel nur noch zwei freistehende Gebäude, das alte Palais Pourtelès am Königsplatz und das Haus Carolath-Beuthen, Alsenstraße 6 Ecke Bismarckstraße.

Bei aller Abwechslung bei den Häuserfassaden, die zumeist der Renaissance nachempfunden sind, haben die Bauherren zugleich einige allgemeinverbindliche Regeln zu beachten. Zulässig sind ein Erdgeschoss, dessen Fußboden maximal 2,30 Meter über dem Niveau des Bürgersteigs liegen darf, des Weiteren zwei (später drei) Obergeschosse und das Dachgeschoss. Letzteres darf – jedenfalls im Vorderhaus – nur dann dem dauerhaften Aufenthalt von Menschen dienen, wenn es sich um Zubehörräume zu den Wohnungen darunterliegender Etagen handelt. Anders ausgedrückt, die Mansarden sind für die Dienstboten bestimmt. Im Erdgeschoss, auch Sockelgeschoss oder Souterrain genannt, befinden sich in der Regel Küche und Waschküche, das Badezimmer sowie ein Raum für Heizmaterial. Der Bau von Fabrik- oder Speichergebäuden ist in diesem Viertel verboten. Die Parzellenbesitzer müssen sich überdies gegenüber dem Fiskus verpflichten, in den neuen Häusern kein offenes Geschäft zu betreiben.

Das angenehm geschlossene Straßenbild, das diese Vorschriften bewirken, wird allerdings um die Jahrhundertwende mehr und mehr gestört. An die Stelle vieler großzügig gestalteter Häuser der ersten Generation treten kompaktere und wirtschaftlich besser zu verwertende Um- oder Neubauten – ein kleiner Tribut des Alsenviertels zum damaligen Status Berlins als einer der am dichtesten besiedelten Städte der Welt. Auch das Geschäftsverbot ist auf die Dauer nicht durchzuhalten.

Zu vermuten ist überdies, dass sich auch das Innere der Wohnungen in dem Maße wandelt, wie sich neben traditionell gebildeten Vertretern des Adels und des Bürgertums, neben gut fundierten alten Familien sowie mancher Wissenschaftler- oder Künstlerbehausung mit gediegenen Möbeln und echten Teppichen das Protzentum Neureicher im Viertel ausbreitet – mit grellen Tapeten, Butzenscheiben, verdunkelnden Vorhängen, schwülstigem vergoldeten Gipsschmuck an den Decken sowie vergoldeten Spiegel- und Bilderrahmen, mit Knäufen, Knöpfen, Muscheln, Galerien und anderem Schnitzkram an den nicht vom Handwerker, sondern aus der Fabrik stammenden Möbeln, mit unzähligen Nippes aus schlechtem Porzellan. Dies alles versammelt in der „guten" Stube, die bei nur wenigen Gelegenheiten im Jahr genutzt wird, während die Betten in den engsten und dumpfigsten Winkel der Wohnung verbannt sind.

„Barby", Carolath-Beuthen, Frerichs, Kunheim

Zu den alten Familien gehört der verwitwete Graf Barby, der um 1890 mit seinen beiden Töchtern Melusine und Armgard die erste Etage eines Hauses am Kronprinzenufer zwischen Alsen- und Moltkebrücke bewohnt. Das Haus zählt zu den wenigen noch freistehenden Gebäuden und lenkt schon aus diesem Grunde den Blick Vorübergehender auf sich, wohl aber auch wegen der Fassade mit ihren beiden links und rechts angeordneten Loggien. Hier verbringen die Drei gern die Früh- und Nachmittagsstunden, in Abhängigkeit von der Jahreszeit in dem zum Zimmer des Grafen gehörigen in pompejischem Rot ausgestatteten Einbau oder in der gleichartigen Loggia der beiden Damen. Der große Raum dazwischen dient als Repräsentations- und Esszimmer. „Das war", so setzt Fontane im „Stechlin" seine Fantasie-Beschreibung der Wohnung fort, „mit Ausnahme der Schlaf- und Wirtschaftsräume, das Ganze, worüber man Verfügung hatte; man wohnte mithin ziemlich beschränkt, hing aber sehr an dem Hause …".

Ein Umzug kommt nicht in Betracht – mit Leidenschaft verteidigt die Gräfin Melusine (und durch sie wohl auch der Schriftsteller) gegenüber Ihrer Freundin, der Baronin Berchtesgaden aus der vornehmen Lennéstraße, die Vorteile ihrer Wohnsituation:

„Ich sehe schon, Baronin, Sie führen den ganzen Lennéstraßenstolz gegen uns ins Gefecht. … Aber was haben Sie da groß? … Die Lennéstraßenwelt ist geschlossen, sie ist zu, sie hat keinen Blick ins Weite, kein Wasser, das fließt, keinen Verkehr, der flutet. Wenn ich in unserer Nische sitze, die lange Reihe der herankommenden Stadtbahnwaggons vor mir, nicht zu nah und nicht zu weit, und sehe dabei, wie das Abendrot den Lokomotivenrauch durchglüht und in dem Filigranwerk der Ausstellungsparktürmchen schimmert, was will Ihre grüne Tiergartenwand dagegen?" Theodor Fontane, Stechlin, Werke, Fünfter Band, Berlin und Weimar 1986, S. 117–118).

Auch vor dem Eckhaus Alsenstraße 6 versperrt keine „grüne Tiergartenwand" den Blick. Stattdessen breitet sich vor den Fenstern der Stadtvilla der reich mit Bäumen, Büschen und Sitzbänken ausgestattete Alsenplatz aus, der dem Königsplatz nördlich vorgelagert ist (und diesen Namen nur inoffiziell trägt).

Vom Portier abgesehen, wohnt in diesem Haus während der siebziger und achtziger Jahre nur die Familie Carolath-Beuthen. Der Hausherr, Karl Ludwig Erdmann Ferdinand 5. Fürst zu Carolath-Beuthen, Reichsgraf von Schönaich, Freiherr von Beuthen (1845–1912) entstammt einem schlesischen Adelsgeschlecht. Nach kurzem Militärdienst, den er als Premierleutnant quittiert, widmet er sich der Verwaltung seiner Güter und der Politik. Als Vertreter der Freikonservativen Partei gehört er in den siebziger und einem Teil der achtziger Jahre dem Reichstag an und ab 1857 auch dem preußischen Herrenhaus. Im Jahre 1866 heiratet der Fürst die niederschlesische Gräfin Elisabeth von Hatzfeld zu Trachtenberg (1839–1914).

Elisabeth zu Carolath-Beuthen ist eine reich begabte Natur, eine vornehme Persönlichkeit, kunstinteressiert und musikalisch, voller Witz und Geist. Sie ist der Mittelpunkt der Berliner Salons; nicht wenige Angehörige der höfischen Kreise fühlen sich von ihr auf das stärkste angezogen.

Elisabeth zu Carolath-Beuthen. Gemälde von Gustav Richter, 1875

Im Nachbarhaus Alsenstraße 5 verbringt Adolf von Wilke seine Jugend. Der Sohn eines wohlhabenden geadelten Kaufmanns und Geheimen Regierungsrats, später in allen Adels-, Militär-, Beamten- und Hofkreisen zu Hause, erinnert sich:

„Als wir in der Alsenstraße beheimatet waren, kannte die Mehrzahl der Anwohner sich untereinander und stand infolge gesellschaftlicher Begegnungen auf dem gegenseitigen Grüßfuß. Unserem Haus unmittelbar benachbart war das Palais Carolath. Aus unserem Schulzimmer blickten wir nieder auf den Ehrenhof des Palais und sahen nachmittags die blonde Fürstin, eine der Schönheiten des an schönen Frauen keinen Mangel leidenden wilhelminischen Hofes, zur Ausfahrt in den Tiergarten mit ihrer kleinen Tochter in den Wagen steigen. Es war ein sehr anmutiges Bild, das sich aber plötzlich nicht mehr wiederholte."

Den Fürsten beschreibt er als „eher wie ein braver, biederer Landedelmann, denn als Grandseigneur" wirkend:

„Dem Fürsten Carolath habe ich bei Gelegenheit als junger Gardedragonerleutnant im ‚Casino' am Pariser Platz (fälschlich oft ‚Adliges Casino' benannt, trotzdem nicht nur Adlige als Mitglieder aufgenommen wurden), zur Seite gesessen. Man setzte sich im ‚Casino' nach der Reihenfolge des Kommens, nicht nach Rang und Alter. ... Wenn sein Inneres zu seinem Äußeren nicht im Widerspruch stand, war er gewiß nicht der ideale Gatte für seine empfindsame Frau, die sich im Fluge der Gedanken gern zu höheren Regionen emporschwang." (Adolf von Wilke, Altberliner Erinnerungen, Berlin 1930, S. 28–30).

„Ätherisches, Visionäres" habe indes auch dem massigen, breitschultrigen Grafen Herbert von Bismarck keineswegs angehaftet, so Wilke über den ältesten Sohn des Reichskanzlers. Dieser tritt 1873 ins Auswärtige Amt ein, ist zunächst als Privatsekretär des Kanzlers und Außenministers, dann in Gesandtschaften tätig und wird später Staatssekretär.

Herbert von Bismarck verkörpert die dritte Person des Dramas. Gewöhnlich ordnet er, ähnlich wie der Vater, seine Neigungen dem „kategorischen Imperativ der Pflicht" unter. Bis er die Fürstin Carolath kennenlernt und sich leidenschaftlich in die zehn Jahre Ältere verliebt. Die stürmische Affäre zwischen ihm und Elisabeth beginnt im Jahre 1879. Letztere lässt sich im April 1881 scheiden, um Herbert zu heiraten. Fürst Philipp zu Eulenburg, der bei Hofe ein- und ausgeht und „zu dessen stärksten Seiten man männliche

Verschwiegenheit über Freundesgeständnisse nicht zählen konnte" (Wilke) trägt maßgeblich zum Bekanntwerden der Affäre bei.

Für den alten Bismarck kommt die beabsichtigte Bindung seines Sohnes, der übrigens wie sein Vater in der Reichskanzlei, Wilhelmstraße 77 wohnt, nicht in Frage. Und seine ablehnende Haltung findet in weiten Kreisen des Hofes Unterstützung. Selbst vom Altersunterschied abgesehen, erscheinen zwei Gesichtspunkte als völlig unvereinbar mit den Prinzipien der protestantischen preußischen Hofgesellschaft: Elisabeth ist katholisch, und sie ist geschieden. Überdies ist die Familie Hatzfeld-Trachtenberg dem Kanzler wegen ihrer großdeutsch katholischen und liberalen Haltung unsympathisch.

Nach der Scheidung zieht sich Fürst Carolath-Beuthen für einen längeren Urlaub auf seine Güter zurück. Elisabeth hält sich in Messina auf, und auch Herbert verreist – nach unbestätigten Meldungen in besonderer Mission nach Italien.

Im Hause Bismarck toben heftige Auseinandersetzungen. Bismarck droht mit Enterbung und sogar mit Selbstmord, falls Elisabeth seinen Namen trüge. Als Herbert nach Venedig reisen will, wo sich Elisabeth seit Mai 1881 aufhält, droht der Vater nachzureisen und die Fürstin persönlich zur Rede zu stellen.

Diese Drohungen wirken; Herbert gibt nach. Die enttäuschte Fürstin, die nicht nur zu lieben, sondern auch leidenschaftlich zu hassen versteht, verzeiht Herbert und seinem Vater nie. In Deutschland gesellschaftlich geächtet, verbringt sie mit ihrer Tochter verbittert den langen Rest ihres Lebens in Venedig, im Palazzo Modena am Canale Regia. Herbert ist nach dem erzwungenen Ende der Liaison ein gebrochener Mann mit Neigung zu Trunksucht und unbeherrschten Gewaltausbrüchen. Im Jahre 1892 heiratet er in Wien eine Gräfin Hoyos. Er stirbt 1904 in Friedrichsruh.

Das Eckhaus Alsenstraße 6 wechselt zwischen den achtziger Jahren des neunzehnten und den dreißiger Jahren des zwanzigsten Jahrhunderts mehrfach den Eigentümer. Bekannte und unbekannte Namen, Adlige und Bürgerliche reihen sich in loser Abfolge aneinander, lassen aber immer auf Wohlhabenheit schließen: von Goldacker-Ufhoven, Kammerherr; C. von Bülow, Rittergutsbesitzer; M. Esser, Dr. jur; B. von Redern, Gräfin (Görlsdorf, Uckermark).

Der westliche, wenig ältere Gebäudenachbar, das Haus Bismarckstraße 4, wird am 1. April 1872 bezogen. Friedrich Hitzig hat das Gebäude als freistehende Stadtvilla mit zwei Hauptgeschossen und sieben Achsen in einfachen klassizistischen Formen entworfen (wobei dann ab Ende der achtziger Jahre ein benachbarter Neubau direkt an die Westseite anschließt). Im Erdgeschoss befinden sich die vier herrschaftlichen Zimmer, im Keller eine Dienstwohnung. Die leicht zurückversetzte Durchfahrt führt zum Pferdestell und zur Remise. Der kleine Garten zwischen Ostwand und dem Haus Carolath-Beuthen wird von einer halbhohen Mauer mit aufgesetzten Kolonnaden begrenzt.

Villa Frerichs

Bauherr ist der Geheime Obermedizinalrat Professor Dr. Theodor von Frerichs, der bereits seit einigen Jahren in der Roonstraße 6 gewohnt und am 23. Juni 1870 die Baugenehmigung erhalten hat. Die Karriere Frerichs' beginnt mit einem Medizinstudium an der Universität Göttingen. Danach arbeitet er u. a. als Augenarzt und folgt darauf dem Ruf an die Universitäten Kiel und Breslau. Schließlich, im Jahre 1859, tritt er an der Berliner Charité die Nachfolge von Johann Lukas Schönlein an und wird Direktor der Ersten Medizinischen Klinik. Der Arzt, von seinem Schüler Naunyn als selbstbewusst und hartnäckig beschrieben, forscht erfolgreich zu Stoffwechselvorgängen von Leber und Nieren sowie zu Erkrankungen dieser Organe. Mit seinem Werk „Klinik der Leberkrankheiten" wird der „Vater der Hepatologie" zu einem hochgeschätzten Arzt seiner Zeit. Im Jahre 1884 verleiht ihm der Kaiser den Adelstitel. Bis heute drückt sich die Achtung der Fachwelt in dem nach Frerichs benannten Preis aus, den die Deutsche Gesellschaft für Innere Medizin verleiht.

Friedrich Theodor von Frerichs, Lithografie von P. Rohrbach

Frerichs ist zugleich das, was man zur damaligen Zeit unter einem „Gesellschaftsarzt" versteht. Der russische Schriftsteller Fjodor Dostojewski konsultiert ihn am 22. Juni 1874:

„Am nächsten Morgen war ich bei ... Frerichs. Diese Leuchte der deutschen Wissenschaft wohnt in einem Palast (buchstäblich). Als ich auf meinen Aufruf wartete, fragte ich einen anderen Patienten, wieviel man Frerichs zahle und er antwortete mir, dies sei nicht festgelegt, aber er selbst werde 5 Taler geben. Ich beschloss, ihm drei zu geben. Mit jedem Patienten befasst er sich drei, allenfalls fünf Minuten. Mich behielt er nicht länger als zwei Minuten da, berührte lediglich mit dem Stethoskop meine Brust. Danach sprach er nur ein einziges Wort: ‚Ems', setzte sich schweigend hin und schrieb zwei Zeilen auf einen Fetzen Papier. ‚Hier haben Sie die Adresse eines Arztes in Ems, sagen Sie, dass Sie von Frerichs kommen.' Ich legte drei Taler hin und ging.

Der Weg hatte sich gelohnt." (Brief 535 vom 13./25. Juni 1874. In: Fjodor Dostojewski, Anna Dostojewskaja, Briefwechsel 1866–1880, Berlin 1982). Frerichs stirbt im Jahre 1885. Sein Grab befindet sich auf dem Alten St.-Matthäus-Kirchhof in Berlin-Schöneberg. Die Witwe lässt in den neunziger Jahren die Fassade des Hauses renovieren und auf der Gartenseite kleinere Veränderungen vornehmen.

Siebenundzwanzig Jahre bleibt das Haus in Frerichsschem Besitz. Dann, im Jahre 1907, übernimmt es der Nachbar, der Rentier Dr. Max Esser, der aber in seiner Wohnung Alsenstraße 6 verbleibt.

Mit dem neuen Eigentümer Dr. Erich Kunheim, der die Liegenschaft drei Jahre später, am 26. März 1910 erwirbt, kommt der große Umbau des Hauses. Architekt Paul Baumgarten, der u. a. die Villa Liebermann und die spätere Wannseevilla entworfen hat, verändert sowohl in die Länge – um zwei Achsen nach Osten, die neue neunte wie die alte erste leicht zurückgesetzt – als auch in die Höhe, um ein ausgebautes Dachgeschoss mit Flachdach und Balustrade. Im Resultat schließt das Haus jetzt direkt mit dem Nachbarn Alsenstraße 6 ab und erreicht annähernd auch dessen Dachgesims. Dadurch wird nachträglich einer alten Auflage von Kaiser Wilhelm I. entsprochen, wonach die dem Königsplatz zugewandten Fassaden zueinander passen müssen. Den angebauten rückwärtigen Seitenflügel reißt Baumgarten ab; stattdessen entsteht ein dreigeschossiges freistehendes Gartenhaus mit Unterkunft für den Kutscher, mit Besucherzimmer und zehn Standplätzen für Pferde.

Das streng symmetrische Aussehen der Straßenfassade erreicht Baumgarten durch ionische Dreiviertelsäulen zwischen den Fenstern, die bis zum Figurenfries unter dem Dach reichen. Der Anbau gewährt Raum für einen Ballsaal im Erdgeschoss, einen Saal in der zweiten Etage – zum Turnen gedacht, als Galerie genutzt – sowie für zwei zusätzliche Zimmer.

Haus Kunheim. Nach 1911

Hinter dem mächtigen Holzportal der Durchfahrt hält die Kutsche in Höhe der rot ausgelegten Stufen, die zur gläsernen, den Hauseingang bildenden Doppeltür führen. Das Innere des Hauses ist ein Schmuckstück mit Marmorwänden, verzierten Stuckdecken, Spiegeln, Reliefs, edlen Hölzern sowie Möbeln aus Sonderanfertigung. In der Eingangshalle fällt besonders die Vertäfelung mit bestem, verziertem Eichenholz auf. Außerordentlich beeindruckt auch die Stuckkassettendecke im Herrenzimmer.

Ballsaal Haus Kunheim

Der Hausherr Erich Kunheim, vorher wohnhaft in der Bismarckstraße 2, verkörpert in vierter Generation eine Industriellendynastie, die den Siegeszug der chemischen Industrie in Deutschland mitprägt. Der Urgroßvater Samuel Hirsch hatte im Jahre 1826 in Berlin, Molkenmarkt 6 eine erste chemische Fertigung für Essigsäure, verschiedene Salze und für Seife aufgenommen. Achtzig Jahre später stehen Fabriken des Familienunternehmens Kunheim in Berlin-Schöneweide, Freienwalde (Oder), Senftenberg (Niederlausitz), Wildau bei Berlin und Mannheim-Rheinau. Im Jahre 1922 wird das Unternehmen in eine Aktiengesellschaf t mit mehrfach wechselndem Namen umgewandelt, zuletzt mit der Firmenbezeichnung Kali-Chemie AG und zu DDR-Zeiten VEB Kali-Chemie, Berlin.

Treppe von der Durchfahrt ins Hochparterre

Dr. Erich Kunheim, italienischer Konsul, preußischer Kommerzienrat, Mitglied des preußischen Abgeordnetenhauses, der Berliner Handelskammer und Kreistagsabgeordneter macht das Palais an der Fürst-Bismarck-Straße zu einer der ersten Gesellschaftsadressen im Berlin der Jahre vor dem Ersten Weltkrieg. Seine Leidenschaft teilt sich zwischen Rennpferden und einer bedeutenden Kunstsammlung. Letztere erhält wertvollen Zuwachs, als Kunheims Frau, Adoptivtochter des Geheimen Kommerzienrats Eduard Arnhold, dessen Sammlung erbt.

Eingangshalle mit Eichentreppe zur Residenz im Obergeschoss

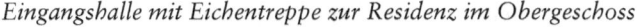

Am 17. Januar 1920 verkauft Kunheim sein Anwesen im Alsenviertel an die Schweizerische Eidgenossenschaft und zieht an seinen ursprünglichen Wohnsitz in der Dorotheenstraße 26 zurück. Im Jahr darauf stirbt er.

Familiengruft Kunheim. Friedhof der Friedrichswerderschen Kirche, Berlin Kreuzberg

Gilka, von Radziwill, von Ratibor, L'Arronge

Kümmelöl, Zucker und Spiritus sind die Bestandteile des achtunddreißigprozentigen, weithin bekannten „Kaiser-Kümmel". Weniger bekannt ist, dass die Spirituose seit 1836 in Berlin destilliert und selbst am Wiener Hof getrunken wurde.

Schöpfer des alkoholischen Getränks ist der aus Mähren stammende Carl Joseph Aloys Gilka (1812–1873), der sich eine Destillations- und Spritfabrik in der Schützenstraße, Berlin-Mitte und die Brennerei in Düppel, damals außerhalb der Residenz liegend, mittels der 15.000-Taler-Mitgift seiner Ehefrau aufbauen kann.

Die Nachfolger des Firmengründers erweitern die Geschäftsbasis nach Brandenburg und in die Lausitz. Kommerzienrat Theodor Gilka (1841–1907), k. u. k. Hoflieferant, errichtet auf einem seiner Landgüter, dem Rittergut Dessow eine Brauerei und eine Brennerei.

Sein Sohn Arthur besitzt ab 1898 die Brennerei in Kartzow, wo er aus Rüben und Kartoffeln Alkohol für Likör herstellt. Kartzow wird später zum Schloss umgebaut.

Wohnhaus Gilka, Moltke- Ecke Bismarckstraße. Lithografie

Infolge der Enteignungen in der DDR verliert die Familie im Jahre 1954 ihren gesamten Grundbesitz. Bis 1972 führt man in Hamburg das Geschäft weiter. Dann folgt der Verkauf an Unterberg, der Kaiser-Kümmel steht indes weiter und unverändert verführerisch unter der Marke J. A. Gilka KG in den Regalen des Einzelhandels.

Wohnhaus Gilka, Erdgeschoss

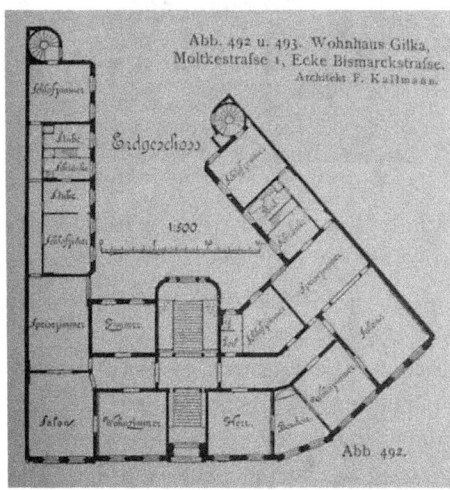

Von der Millionärsfamilie Gilka finden sich im Alsenviertel zwei Adressen. In den neunziger und den ersten Jahren des zwanzigsten Jahrhunderts ist ein Gilka Eigentümer des westlichen Nachbarn von Frerichs, des Eckhauses Bismarckstraße 5, später Moltkestraße 1. Das Haus enthält insgesamt sechs Wohnungen, wobei sich in den beiden Obergeschosse die je zwei Wohnungen bei Bedarf zu einer großen anspruchsvollen Heimstatt zusammenfassen lassen. Ein anderer Vertreter der Familie, später dessen Witwe, besitzt lange Zeit, von der Jahrhundertwende bis in die dreißiger Jahre das Grundstück Kronprinzenufer 13.

Familiengruft Gilka. Dreifaltigkeitsfriedhof, Berlin-Kreuzberg

Im Alsenviertel sind die Wege zwischen Bürgertum und Adel kurz – jedenfalls im räumlichen Sinne. Vier Minuten Fußweg sind es vom Quartier Gilka bis zur Alsenstraße 9, wo in den achtziger Jahren Fürst Ferdynand Fryderyk Wilhelm Aleksander von Radziwill (1834–1926) wohnt.

Der einem litauisch-polnischen Adelsgeschlecht entstammende Radziwill wird im Jahre 1834 in Berlin geboren und studiert nach dem Abitur am Französischen Gymnasium Kameralistik und Rechtswissenschaften. Zunächst als Jurist tätig, schlägt er Mitte der fünfziger Jahre die militärische Laufbahn ein und wird 1870 im Deutsch-Französischen Krieg verwundet. Die Familie des Generalmajors, zu der fünf Kinder gehören, lebt abwechselnd in Berlin und auf dem Jagdschloss Antonin in Preußisch-Polen. Dieses Besitztum und ein Familiengut in Litauen werden nach dem Tod des Vaters von Ferdinand verwaltet. Als Vetter von Kaiser Wilhelm I. ist er familiär mit dem Haus Hohenzollern verbunden und pflegt enge Kontakte mit deutschen und russischen Würdenträgern.

Zwischen 1874 und 1912 wird Radziwill wiederholt als Abgeordneter der polnischen Fraktion in den Reichstag gewählt; mehr als dreißig Jahre ist er deren Vorsitzender. Während dieser Jahre ist der Parlamentarier in insgesamt neun Ausschüssen tätig. Politisch steht er der Zentrumspartei nahe, setzt sich für eine loyale Haltung der Polen zum Deutschen Reich, aber für freie Religionsausübung und das Recht zur Anwendung der polnischen Sprache ein. Während des Kulturkampfes zwischen dem Deutschen Reich und der katholischen Kirche steht er folglich im schroffen Gegensatz zu Reichskanzler Bismarck. Im neu entstandenen polnischen Staat ist Radziwill 1918/19 Mitglied des Sejms und dessen Alterspräsident.

Ein weiterer Grande aus dem Osten des Reiches ist Viktor Herzog von Ratibor, Fürst zu Corvey; ein Abkömmling aus der Linie Schillingsfürst des Fürstengeschlechts Hohenlohe. Ihm gehören um 1880 ein Palais in der Moltkestraße 3, gegenüber dem Anbau des Generalstabsgebäudes und zwei unbebaute Grundstücke am Kronprinzenufer mit den Nummern 13 und 14. Der Palast in der Moltkestraße ist ein beliebter Treffpunkt von Adeligen, Großbürgern und Künstlern. Der Herzog ist Eigentümer und Verwalter der Herrschaft Ratibor in Oberschlesien sowie des ehemaligen Klosters Corvey in Westfalen.

Ratibor hat den militärischen Rang eines Generals der Kavallerie à la suite, ist aber hauptsächlich politisch tätig. Er bekleidet langjährig parlamentarische Mandate, so zwischen 1856 und 1893 als Mitglied im Provinziallandtag Schlesien und von 1872 bis 1890 im Deutschen Reichstag. Außerdem gehört er fast vier Jahrzehnte, bis zu seinem Tod im Jahre 1893 dem preußischen Herrenhaus an, dem er zuletzt als Präsident vorsteht. Im Unterschied zu Radziwill steht Ratibor an der Spitze einer staatskatholischen Richtung im Kulturkampf auf Seiten Bismarcks.

Palais Ratibor, Moltkestraße 3

Ratibor engagiert sich im sozialen und caritativen Bereich, ist Vorsitzender des Berliner Gewerbemuseums und gehört der Jury für die Weltausstellungen 1867 in Paris sowie 1873 in Wien an. Dem Dichter des Deutschlandliedes, Heinrich Hoffmann von Fallersleben, hatte er ein festes Einkommen verschafft, indem er ihn in der Bibliothek in Corvey anstellte.

Im Jahre 1890 verkauft Ratibor sein Palais in der Moltkestraße an die Österreichisch-Ungarische Regierung.

Das Haus Kronprinzenufer 11, dicht neben den beiden zunächst unbebauten Grundstücken Ratibors gelegen, gehört Adolph L'Arronge. Bis in die dreißiger Jahre bleibt es in seinem bzw. im Besitz der Witwe und der Erben.

L'Arronge, eigentlich Aronsohn, ist ein musisches und organisatorisches Multitalent. In den sieben Jahrzehnten seines 1908 endenden Lebens tritt er als Kapellmeister, Journalist, Autor, aber auch als Theatergründer und -leiter in Erscheinung. Es beginnt in den sechziger Jahren mit der Leitung des Orchesters in der Krolloper und mit publizistischer Tätigkeit, u. a. als Theaterredakteur der Berliner Gerichtszeitung. Seine Volksstücke, darunter „Mein Leopold", „Hasemanns Töchter" oder „Der Compagnon", werden zunächst in Breslau, dann am Berliner Wallner-Theater zu Riesenerfolgen.

Adolph L'Arronge, Kirchhof Jerusalem und Neue Kirche III, Berlin-Kreuzberg

Das dabei erzielte ansehnliche Vermögen reicht aus, um neben dem Grundstück im Alsenviertel ein Theater zu erwerben. Nach Umbauten des Friedrich-Wilhelmstädtischen Theaters in der Schumannstraße schlägt im Jahre 1883 die Geburtsstunde des inzwischen längst auch außerhalb Deutschlands bekannten Deutschen Theaters. Der Theaterleiter verfolgt mit großem Geschick das Konzept, abwechselnd anspruchsvolle Klassiker und volkstümliche, oft selbstverfasste gesellschaftskritische Stücke zu bringen. L'Arronge leitet das Haus elf Jahre lang, dann vermietet er es an Otto Brahm.

von Camphausen, Spaeth, von Schleicher, von Mendelssohn-Bartholdy

Der aus dem Rheinland stammende Otto von Camphausen tritt mit 22 Jahren in den Staatsdienst ein. Elf Jahre später, im Jahre 1845, beruft man ihn als vortragenden Rat ins preußische Finanzministerium, und 1869 löst er – inzwischen auch Mitglied des Herrenhauses auf Lebenszeit – von der Heydt als Finanzminister ab.

Er übernimmt ein Haushaltsdefizit in Höhe von fünfeinhalb Millionen Talern. Mit Hilfe seines Konsolidierungsplans und dem Gesetz über Aufhebung des preußischen Staatsschatzes von 1871 sorgt er für Überschüsse in den folgenden Jahren, die es erlauben, einige Steuern abzuschaffen, die Beamtenbezüge zu erhöhen und öffentliche Gebäude zu errichten. Nach dem Rücktritt Roons avanciert Camphausen zum Vizepräsidenten des preußischen Staatsministeriums.

Im Reichstag unterstützt der Altliberale zwar Bismarcks Reichseisenbahngesetz, gerät aber dennoch zunehmend – wie auch der obenerwähnte Delbrück – in Konflikt zum Reichskanzler, je mehr dieser sich vom Freihandel abwendet. Im Jahre 1878 kommt es zum Bruch zwischen den beiden Politikern. Camphausen wird für das Verschwinden des Überschusses im Staatshaushalt verantwortlich gemacht, scheidet auf eigenen Wunsch aus dem Kabinett aus und zieht sich aus der Politik zurück. Bismarck äußert im internen Gespräch, er sei „… froh, Camphausen los zu sein, denn ich hatte immer das Gefühl, dass seine Freunde in dem Parlament regelmäßig gegen die Vorlagen stimmten, die er in meinem Sinne machte – vielleicht instinktiv, vielleicht nicht ohne vorherige Andeutung." (Heinz Wolter (Hrsg.), Otto von Bismarck. Dokumente seines Lebens, Leipzig 1986, S. 336–337).

Grabmal Otto von Camphausen. Alter St.-Matthäus-Kirchhof, Berlin-Schöneberg

Am 18. Januar 1896 erhält Camphausen den Schwarzen Adlerorden und wird damit in den Adel erhoben. Nur vier Monate später stirbt er; sein Grabmal befindet sich auf dem Alten St.-Matthäus-Kirchhof in Berlin-Schöneberg. Die damaligen Nachrufe in der Presse vermerken, dass der Verstorbene zwar kein schöpferischer Staatsmann ersten Ranges gewesen sei, aber doch ein politisch und wirtschaftlich freigesinnter, hochbegabter Mann aus der Beamtenschule, der nach den Freiheitskriegen dazu beigetragen habe, den preußischen Staat zu reorganisieren und der den Übergang in konstitutionelle Formen einfühlsam geleitet habe.

Der alternde Junggeselle Otto von Camphausen wohnt im Haus Bismarckstraße 2. Der Name der Straße wird bei ihm zuletzt sicher unangenehme Assoziationen ausgelöst haben.

Das Gebäude Alsenstraße 10 steht für ein Mietshaus mit einem Dutzend Wohnungen. Eine davon belegt in den zwanziger Jahren Dr. Hellmut Späth, Baumschulbesitzer in der sechsten Generation.

Der Name Späth hat seit nunmehr fast drei Jahrhunderten weit über Berlin hinaus einen guten Klang. Es beginnt im Jahre 1720 mit einer bescheidenen Obst- und Gemüsegärtnerei nahe dem Halleschen Tor in Berlin-Kreuzberg. Der nächste Standort umfasst schon annähernd zwei Hektar; er befindet sich in der Köpenicker Straße, dort, wo heute der Ortsteil Kreuzberg an den Bezirk Mitte grenzt.

Der Durchbruch zur weltweit größten Baumschule beginnt im Jahre 1863, als Franz Späth die Firma übernimmt. Er kauft 120 Hektar der gerodeten Cöllnischen Heide, die einen neuen hauptstädtischen Ortsteil, Berlin-Baumschulenweg, wesentlich prägen. Hier richtet er neben der eigentlichen Pflanzenzucht ein Arboretum im englischen Gartenstil ein. Das attraktive Herrenhaus, das er sich auf dem Gelände bauen lässt, ist heute Institutsgebäude der Humboldt-Universität. Auch der botanische Garten und das Arboretum in Berlin-Britz gehören damals zum Besitztum Späth.

Franz Späth nimmt maßgeblichen Einfluss auf Organisation und Betriebsführung des deutschen Baumschulenwesens. Er prüft den Anbauwert eines Großteils der Obstsorten und züchtet viele Neuheiten. Und ist er sehr geschäftstüchtig. Seine persönliche Gartenberatung für Bismarck und Moltke lässt er sich auch dadurch entgelten, dass die beiden Persönlichkeiten pressewirksam Linden vor seinem Herrenhaus pflanzen. Noch von seinem

Exil in Doorn aus schenkt der ehemalige Kaiser Wilhelm II. der Firma zu ihrem zweihundertjährigen Jubiläum eine Eberesche aus seinem Park.

Zielstrebig bereitet Franz Späth seinen Sohn Hellmut auf die Übernahme der Firma vor. Nach dem Abitur in Schulpforta studiert Hellmut die Fächer Botanik, Geologie, Nationalökonomie und Philosophie zuerst in Berlin, dann in Cambridge. In seiner 1912 an der Königlich Landwirtschaftlichen Hochschule, Berlin vorgelegten Dissertation beantwortet er die Frage, wie bei Holzgewächsen beim Längenwachstum der Mutterachse Seitentriebe entstehen können, ohne dass dabei ein Knospenstadium durchlaufen wird.

Hellmut Späth

Im gleichen Jahr übernimmt Hellmut die Firma und baut sie in den zwanziger Jahren zur größten Baumschule der Welt mit 1.500 Beschäftigten aus. Die neuen Machtverhältnisse ab 1933 nutzt er erfolgreich zugunsten seines Unternehmens. Er tritt sofort der NSDAP bei und erhält Aufträge zur Begrünung der Autobahnen sowie des Geländes am Olympiastadion und am Flughafen Tempelhof. Er ist indes alles andere als überzeugter Nationalsozialist. Im Gegenteil, er bleibt mit dem von der Universität vertriebenen Botaniker Werner Magnus befreundet, beschäftigt Juden in seiner Firma und beantragt ein Arisierungsverfahren für seine Tochter Dagmar aus erster Ehe, die als Halbjüdin gilt.

Auf Grund geheimer Informationen seiner Privatsekretärin an die Gestapo wird Hellmut Späth 1943 wegen Kriegswirtschaftsvergehen verhaftet und zu einem Jahr Haft in Bautzen verurteilt. Zum Verhängnis werden ihm aber sein „Umgang mit Juden" und die angeblich „versteckte Hetz- und Wühlarbeit gegen Deutschland". Als nunmehr politischer Häftling enteignet, überführt man ihn in das Konzentrationslager Sachsenhausen. Dort wird er am 15. Februar 1945 erschossen.

Im gleichen Haus, Alsenstraße 10 wohnt 1931 Kurt von Schleicher, der letzte Reichskanzler vor Adolf Hitler. Der 1882 geborene Sohn eines preußischen Offiziers beginnt seine militärische Laufbahn an der Hauptkadettenanstalt in Lichterfelde bei Berlin und steigt bis 1929 zum Generalmajor und Chef des Ministeramts (Staatssekretär) im Reichswehrministerium seines Förderers Wilhelm Gröner auf.

Schleicher entwickelt sich schnell zu einer Figur des politischen Bühnenhintergrunds, zu einem der mächtigsten, mit dem vollen Vertrauen des Reichspräsidenten von Hindenburg ausgestatteten Männer. Von Beginn an bemüht er sich, den großen, mehrheitsbedingten Einfluss der SPD in Preußen und im Reich zurückzudrängen. Zusammen mit weiteren gemäßigt konservativen Kräften sorgt er dafür, dass im Jahre 1930 Heinrich Brüning, der Fraktionsvorsitzende des Zentrums, Kanzler eines Minderheitskabinetts wird, das mit Notverordnungen regiert. Die beabsichtigte Stärkung der rechten Mitte geling indes nicht; die NSDAP wird bei den Wahlen vom 14. September 1930 stattdessen zweitstärkste Partei. Im Gegensatz zu den Bestrebungen von Reichswehr und Reichspräsident bleibt Brüning auf die Tolerierung durch die SPD angewiesen.

Hindenburg löst auf Drängen Schleichers das Kabinett Brüning auf und ersetzt es durch die Regierung des rechten Zentrumspolitikers Franz von Papen. Schleicher avanciert am 1. Juni 1932 zum parteilosen Reichswehrminister dieser Regierung. Sein Ziel ist, die nationalsozialistischen Kräfte dadurch zu zähmen, dass er besonders die SA stärker an die Reichswehr und damit an den Staat zu bindet.

Kurt von Schleicher (oben rechts) im Kabinett Papen

Papens Aussicht, im Reichstag eine Mehrheit zu finden schwindet endgültig, als die NSDAP bei den Wahlen vom 31. Juli 1932 stärkste Partei wird. Hindenburg entscheidet sich nach der Demission Papens für seinen Vertrauten und ernennt am 3. Dezember 1932 Schleicher zum Reichskanzler. Schleicher sieht sich von der Rechten wegen seiner Bestrebungen, in seiner Politik Arbeiterinteressen zu berücksichtigen als „roter General" verunglimpft, während ihn die Linke als Reaktionär und Konterrevolutionär betrachtet. Hinter seinem Rücken arbeiten Alfred Hugenberg von der Deutschnationalen Volkspartei, Papen und Hitler im Einvernehmen mit Bank- und Industriekreisen an seinem Sturz.

Am 28. Januar 1933 erklärt Schleicher den Rücktritt seiner Regierung. Er empfiehlt dem Reichspräsidenten, Hitler zu seinem Nachfolger zu ernennen, der dann zwei Tage später die Macht übernimmt. Schleicher zieht sich ins Privatleben zurück; sein Wohnsitz ist inzwischen eine Villa in Neubabelsberg bei Berlin. Den neuen Machthabern fällt er wiederholt durch missfällige, öffentlich geäußerte Bemerkungen zu politischen Ereignissen und über maßgebende Männer des NS-Regimes auf. Im Juni 1934 kommt es zum sogenannten Röhm-Putsch, der Hitler und der SS insofern entgegenkommt, als sie ihn zu einer generellen politischen Säuberungswelle und zur Rache an Widersacher aus der „Kampfzeit" nutzen können. Zu den Opfern vom 30. Juni 1934 gehören auch Kurt von Schleicher und seine Ehefrau Elisabeth. Beide werden von Mitgliedern des Sicherheitsdienstes (SD) der SS in ihrer Wohnung erschossen. Die Urne mit Schleichers Überresten befindet sich auf dem Parkfriedhof Berlin-Lichterfelde.

Wie das Gebäude Alsenstraße 10 gehören auch die schräg gegenüberliegenden Häuser 3 und 3a zur Kategorie der Mietshäuser mit überwiegend gehobenem Publikum, darunter Bankiers, Universitätsprofessoren, ein Theaterdirektor, ein Postvorsteher, Rentiers, aber auch ein „Packer" – insgesamt fünfzehn Mietparteien. So jedenfalls die Situation bis zum Jahre 1913.

Dann, ab 1914 kommt es zum wohl spektakulärsten Abbruch und Neubau in der Geschichte des Alsenviertels vor 1938. Drei Jahre wird auf dem zu einem Grundstück vereinigten Areal ab- und aufgebaut. Die ehemals zwei Parzellen bieten dem Architekten Bruno Paul hinreichend Platz für einen zur Straße hin offenen Vorgarten, den zwei Seitenflügel und das zurückgesetzte Hauptgebäude begrenzen. Ein Stadtpalais dieser Art ist im Alsenviertel einmalig.

Alsenviertel zwischen Moltke- und Alsenstraße. Im Vordergrund Alsenstraße 3–3a. Um 1930

Zwei Jahre bleibt das neue Ensemble unbewohnt – vielleicht wegen der Kriegs- und Revolutionswirren oder aber weil die wertvolle Innenausstattung noch der Vollendung harrt. Schließlich, ab 1919 tritt sein Eigentümer in Erscheinung. Es ist der Bankier Paul von Mendelssohn-Bartholdy, Großneffe des Komponisten Felix M.-B., bis dahin wohnhaft in der Jägerstraße 50, dem Ort der traditionsreichen Familienbank Mendelssohn & Co.

Paul von Mendelssohn-Bartholdy. Gemälde von Max Liebermann 1909

Paul ist seit 1902 Teilhaber des Bankhauses, nachdem er sich studienhalber in Oxford, Bonn und Berlin aufgehalten hatte. Im gleichen Jahr heiratet er – inzwischen auch Mitglied des jüdischen Unterstützungsvereins Gesellschaft der Freunde – Charlotte Reichenheim. Das kinderlose Paar teilt eine große Leidenschaft: Gemälde von anerkannt herausragender Bedeutung.

Die Sammlung benötigt Platz, und den bieten das Stadtpalais in der Alsenstraße sowie das zwischen 1909 und 1911 ebenfalls von Bruno Paul erbaute neoklassizistische Herrenhaus Schloss Börnicke bei Bernau am Nordostrand von Berlin.

Zur Sammlung, an deren Entstehung der Kunsthändler Alfred Flechtheim maßgeblich mitwirkt, gehören wertvolle Stücke: fünf Gemälde von

Pablo Picasso, darunter die Bilder „Junge mit Pferd" und „Die Mühle von La Galetta", acht Spätschöpfungen van Goghs, sowie Werke von Henri Rousseau, Claude Monet und August Renoir.

Palais Paul von Mendelssohn-Bartholdy, Musiksaal, Alsenstraße 3–3a

Schon vor 1933 sieht Paul voraus, dass die Juden unter den Nazis Schwierigkeiten bekommen werden. Vorsorglich lässt er seine nichtjüdische zweite Frau Elsa Lucy Emmy Lolo von Lavergne-Peguilhen, die er im Jahre 1927 geheiratet hat, Anfang 1935 zur Vorerbin eintragen; nach deren Tod soll das Ererbte an die vier Schwestern Pauls fallen. Einige Picasso-Gemälde verbringt Paul ab 1933 nach der Schweiz, wo sie von dem Kunsthändler Justin K. Tannhauser teils verkauft, zwei von ihnen später New Yorker Museen gestiftet werden. Um das Erbe der beiden Picasso-Bilder mit einem Schätzwert von je 200 Millionen Dollar entbrennen Anfang dieses Jahrhunderts heftige Auseinandersetzungen. Sie enden mit einem Vergleich, der den Verbleib der Werke im Guggenheim Museum und im Museum of Modern Art in New York ermöglicht.

Für das Stadtpalais in der Alsenstraße wird 1937 als Eigentümerin Frau Elsa ausgewiesen, die aber in Börnicke wohnt. Auf dem dortigen Gelände findet sich auch das Grabmal des Kunstliebhabers Paul von Mendelssohn-Bartholdy. Er stirbt mit 59 Jahren im Mai 1935 in Berlin.

Bei weitem nicht aller prominenten Bewohner des Alsenviertels konnte hier in Form von Kurzbiografien gedacht werden. Auch die folgende ergänzende Aufzählung ist höchst unvollständig: die Mieter Universitätsprofessor H. du Bois, Herwarthstraße 4, Burggraf zu Dohna, Glied der preußischen Linie des verzweigten Adelsgeschlechts, Alsenstraße 1, Prinz Franz von Arenberg, Mitglied des Abgeordnetenhauses und Mittelpunkt eines Kreises von Diplomaten und Politikern, Kronprinzenufer 7, Anton Fürst von Radziwill, Generaladjutant von Kaiser Wilhelm I., Alsenstraße 9; die Hausbesitzer bzw. Erben Siegfried und Siegmund Sobernheim (Kaufleute), Alsenstraße 2,

Alsenstraße 10, Detail

Fabrikant Louis Liebermann, Vater des Malers Max Liebermann, Alsenstraße 12 und Kronprinzenufer 8, Gräfin B. von Redern aus dem alten märkischen Geschlecht, Alsenstraße 6, der Schokoladenfabrikant Kommerzienrat Hindebrand, Alsenstraße 8, Rechtsanwalt Salomonsohn, Alsenstraße 9. Letzterer besitzt – wie oben gezeigt – überdies auch östlich der Roonstraße mehrere Häuser und dürfte der größte private Grundbesitzer des Alsenviertels gewesen sein.

Alsenstraße 12 Ecke Kronprinzenufer. 1935

Das Alsenviertel ist ein Ort geistigen Reichtums, besonders aber Stätte der Ansammlung materiellen Vermögens. Einer Schätzung zufolge stellt das kleine Alsenviertel über zwanzig der mehrfachen Millionäre Berlins. (Michael S. Cullen, Platz der Republik, Berlin 1992, S. 34–35).

Fontanes Waldemar von Haldern überquert die Unterbaumbrücke, biegt rechts in die Kronprinzen-, dann links in die Alsenstraße ein. Schließlich gelangt er „… an den reizenden, mit Bosketts und Blumenbeeten und dazwischen wieder mit Marmorbildern und Springbrunnen geschmückten Square …, der, dem Königsplatz vorgelegen, einen Teil desselben ausmacht und doch auch wieder sich von ihm scheidet. Eine frische Brise ging und milderte die Hitze, von den Beeten aber kam ein frischer Duft von Reseda herüber, während drüben bei Kroll das Konzert eben anhob."

Soeben ist Waldemars letzter Versuch, seinem Leben einen Sinn zu geben, gescheitert. Stine erwidert seine Liebe aus tiefstem Herzen, aber sie wird nicht mit ihm nach Amerika auswandern. Sie kennt ihn besser als er sich selbst; es würde nicht gut gehen.

Erschöpft lässt er sich auf einer Bank nieder. Ohne so recht zu wissen, was er tut, zeichnet er Figuren in den Sand, Halbkreise, Unvollendetes, wie so vieles, was er unternimmt. Aber man kann ja mittels eines Querstrichs vollenden!?

Waldemar wendet sich seiner Wohnung „gleich zu Beginn der Zeltenstraße" zu. „Er war eben durch diese Wohnung Nachbar von Moltke, welche Nachbarschaft er gern hervorhob und in Ernst und Scherz zu versichern liebte: ‚Man kann nicht besser aufgehoben sein als gerade da. Wer für die große Sicherheit zu sorgen weiß, der sorgt auch für die kleine'". Ihm, dem jungen lebensuntüchtigen Adligen kann indes niemand helfen, auch nicht Molke und der Generalstab. (Theodor Fontane, Stine, Werke, Zweiter Band, Berlin und Weimar 1986, S. 372–376).

Alsenviertel, westlicher Teil. Um 1935

7 Botschaften und Diplomaten

Um die Wende zum 20. Jahrhundert ändern sich im Alsenviertel die Strukturen, sowohl bei den Hausbesitzern als auch bei den Mietern. Beide Gruppen setzen sich um 1880 – natürlich mit Ausnahme des Generalstabs – noch fast durchweg aus Privatpersonen zusammen. Im Verlauf der folgenden vierzig Jahre ändert sich das Bild total. Verbände und andere Interessenvertretungen siedeln sich an. Alles drängt in die Reichshauptstadt; dabei ist ein Sitz in der Nähe wichtiger Regierungsstellen Preußens und Deutschlands besonders gefragt.

Alsenstraße 11. 1935

Zum Neubau fehlt der Platz, oft auch die finanzielle Kraft. Ehemaliger Privathäuser werden daher zu Verwaltungssitzen umfunktioniert, oder einzelne

177

Etagen bzw. Wohnungen verwandeln sich in Arbeitsplätze für Dienstleistungen verschiedenster Art.

Im Jahre 1920 gehören von den zwölf Häusern der Alsenstraße drei, von den sechzehn Häusern am Kronprinzenufer sieben institutionellen Eigentümern. An der Ostseite der Moltkestraße sind es eins von vier Häusern, auf der Westseite der Herwarthstraße zwei von drei, in der Roonstraße fünf von vierzehn und in der Hindersinstraße sechs von vierzehn Gebäuden.

Verbänden aus Politik, Industrie, Verkehr, Handel und Landwirtschaft, außerdem Banken und Versicherungen, vereinzelt auch Unternehmen gehören im Jahre 1920 bereits 24 Grundstücke des Alsenviertels, private Einzeleigentümer besitzen somit noch 39 Parzellen. Hinzu kommen die institutionellen Mieter einzelner Etagen oder Wohnungen. Ihre Anzahl ist mit mindestens vierzig zu veranschlagen.

Berlins erstes Viertel für Botschaften

Besonders bemerkenswert ist die große Zahl ausländischer Vertretungen. Das Alsenviertel ist zum ersten Diplomatenviertel des Deutschen Reichs geworden – nur durch den Pariser Platz von der Wilhelmstraße, dem Sitz der Reichskanzlei und der Ministerien getrennt. Die Chefs der Missionen nennen sich Botschafter, Gesandter, Ministerresident oder Geschäftsträger. Der Unterschied ist indes nur protokollarischer Natur. Alle sind bevollmächtigte Vertreter ihres Staates.

Ein Handbuch aus dieser Zeit definiert diplomatische Missionschefs als Personen, „… „welche, um Staatsgeschäfte zu besorgen, von einer souveränen Staatsgewalt an die andere, mit einem bestimmten hergebrachten Titel und in feierlicher Form abgesandt und beglaubigt werden und welche diejenigen Vorrechte genießen, die ihnen das Völkerrecht nach der allgemein angenommenen Norm einräumt." (L. Alt, Handbuch des europäischen Gesandtschaftsrechts, Berlin 1870, S. 12).

Moltkestraße 1–4 (von rechts) 1938. Mieter Persien in Nr. 1, Rumänien 2, Österreich 3

Nicht selten handelt es sich bei den Botschaftern um ausgesprochen bedeutsame Persönlichkeiten; ihnen ist es gelungen, die vergleichsweise hohen Hürden zu überwinden, welche den Zugang zu einer diplomatischen Laufbahn versperren.

Mehr als heute, da den Regierungen alle modernen Mittel der Kommunikation – vom Telefon, dem Flugzeug bis zur persönlichen Begegnung – zur Verfügung stehen, kann zu dieser Zeit das persönliche Geschick des Diplomaten angesichts seiner hohen Eigenständigkeit erhebliche Bedeutung für den Gang der Beziehungen zwischen den Staaten haben.

Herwarthstraße, 1935. Letztes Haus links (3a) Vertretung Siam

Das Bild der Alsenviertel-Gesellschaft wird durch die Anwesenheit von Diplomaten spürbar bunter. Zum Hof- und „Schwert"adel, zum saisonal anwesenden Landadel, zum Fabrikanten und Bankier, zum Wissenschaftler und Künstler gesellt sich nun der Diplomatenadel, der immer für einige Jahre an Berlin gebunden ist. Er ist gern gesehener Gast in den Salons und bereichert seine Kontakte etwa auch durch den Besuch der Kasino-Gesellschaft am nahegelegenen Pariser Platz 3, den unbestritten exklusivsten Club Berlins.

Ausländische Botschaften bzw. Gesandtschaften im Alsenviertel

Land	um/seit	Adresse
Belgien	1890	Roonstraße 12
Brasilien	1900	Roonstraße 12
Chile	1900	Roonstraße 3
Dänemark	1913	Alsenstraße 3 und 4
Finnland	1920	Alsenstraße 1
Griechenland	1880	Kronprinzenufer 11
Japan	1912	Königsplatz 4
Niederlande	1910	Hindersinstraße 14
Norwegen	1920	Alsenstraße 2
Österreich-Ungarn bzw. (Deutsch-)Österreich	1890	Moltkestraße 3 und Kronprinzenufer 14
Persien	1900	Moltkestraße 1
Portugal	1931	Alsenstraße 6a
Rumänien	1900	Moltkestraße 2
Serbien	1900	Roonstraße 9
Schweiz	1920	Fürst-Bismarck-Straße
Siam	1890	Alsenstraße 8, nach 1910 Herwarthstraße 3a
Tschechoslowakei	1920	Kronprinzenufer 14
Türkei	1899	Hindersinstraße 3, nach 1903 Alsenstraße 1
Ukraine	1920	Kronprinzenufer 10
Ungarn	1920	Moltkestraße 3

Von drei europäischen Großmächten abgesehen, die ihre preußischen, später deutschen Vertretungen längst an besonders repräsentativen Orten eröffnet haben – Großbritannien in der Wilhelmstraße, Frankreich am Pariser Platz und Russland Unter den Linden – befinden sich die Missionen der meisten anderen kontinentalen Staaten im Alsenviertel, allen voran Österreich-Ungarn, außerdem Belgien, Dänemark, Finnland, Griechenland, die Niederlande, Norwegen, Portugal, Rumänien, Serbien, die Schweiz, die Tschechoslowakei, die Ukraine und Ungarn. Drei dieser Länder, Finnland, Ungarn und die

Tschechoslowakei, erlangen erst infolge der Nachkriegs- und Revolutionsereignisse ihre staatliche Eigenständigkeit; sie gehören daher zu den jüngeren Ansässigen des Alsenviertels. Hinzu kommt die Ukraine, deren Versuch, als selbständiger Staat in Erscheinung zu treten, von nur kurzer Dauer ist. Überhaupt finden in den Jahren nach 1918 im diplomatischen Korps, das ohnehin von stetem Wechsel gekennzeichnet ist, besondere markante Veränderungen an Haupt und Gliedern statt, da selbst in „stabilen" Ländern oft die Regierungen wechseln.

Asien ist mit der bereits oben erwähnten Mission aus Japan sowie den Botschaften von Siam, das territorial etwa dem heutigen Thailand entspricht, von Persien (Iran) und der Türkei vertreten. Vom südamerikanischen Kontinent können nur zwei Staaten – Brasilien und Chile – nachgewiesen werden. Dabei ist anzumerken, dass im Adressbuch vielfach Personen mit ausländisch klingenden, meist dem lateinischen Sprachbereich zugehörigen Namen auftauchen, deren Tätigkeit mit „Gesandter", „Gesandtschaftsattaché", „außerordentlicher Gesandter", „Gesandtschaftssekretär", „Botschafter", „Botschaftsrat" oder „Botschaftssekretär" ohne Nennung des entsendenden Landes angegeben wird. Dahinter könnten sich Länder wie Spanien, Argentinien, Uruguay und andere verbergen.

Kronprinzenstraße 10, Ukrainische Gesandtschaft

Um die internationale Buntheit des Bildes, das das Alsenviertel bietet, zu vervollständigen, ist darauf hinzuweisen, dass hier auch Diplomaten wohnen, deren Dienstsitz nachweisbar außerhalb des Viertels liegt. Ein Herr aus dem bekannten deutschrussischen Geschlecht von Kotzebue, Russischer Botschaftssekretär, mietet sich um 1880 in der Roonstraße 9 und N. von Schebeko, Kaiserlich Russischer Botschaftsrat im Jahre 1912 am Königsplatz 5 ein. In diese Reihe gehören wohl auch einige wenige Herren der Diplomatie mit englisch klingenden Namen.

In Form der Hanseatischen Gesandtschaft, Alsenstraße 7, ist nach 1913 auch ein Stadtstaat des Kaiserreichs ansässig. Innerdeutsche Vertretungen sind eine international einmalige Institution.

Der weitaus größte Teil der ausländischen Vertretungen ist ein Mietverhältnis eigegangen. Sechs Staaten haben indes die Grundstücke ihres Sitzes erworben, Österreich-Ungarn (Moltkestraße 3 und Kronprinzenufer 14), die Schweiz (Fürst-Bismarck-Straße 4), Finnland (Alsenstraße 1), Norwegen (Alsenstraße 2), Dänemark (Alsenstraße 4), und Japan (Königsplatz 4).

Alsenstraße 1 Ecke Kronprinzenufer. Finnische Gesandtschaft. 1935

Bemerkenswert ist die Ansammlung skandinavischer Missionen in der Alsenstraße. Es fehlt nur der Staat Schweden, der aber um 1931 immerhin mit einem Militärattaché als Mieter am Kronprinzenufer 14, ehemals der k. u. k. Monarchie gehörig, vertreten ist.

Alsenstraße Nr. 1 ist Sitz und Eigentum der finnischen Gesandtschaft. Das Land hat am 6. Dezember 1917 seine Loslösung von Russland erklärt.

Norwegen

Dem norwegischen Staat gehört das Nachbarhaus Alsenstraße 2. Norwegen, über viele Jahrhunderte in Personalunion mit Dänemark, dann mit Schweden regiert, ist seit 1905 selbständig und tritt im Jahre 1920 dem Völkerbund bei.

Alsenstraße 2. Norwegische Gesandtschaft

Vom Deutsche Reich die Anerkennung als souveräner Staat zu erlangen gehört zu den ersten politischen Zielen der Regierung in Christiana (ab 1924 Oslo).

Trotz seiner familiären Bande mit dem schwedischen Königshaus steht Kaiser Wilhelm diesem Anliegen aufgeschlossen gegenüber. Seine mentale Bindung zum „Nordland" ist groß. Fast jeden Sommer verbringt er nahe der norwegischen Küste an Bord seiner Yacht „Hohenzollern". Überdies hängt er der verbreiteten Auffassung an, wonach die Norweger das Urgermanische verkörpern – was die Orientierung der Deutschen nach Norden und die Abgrenzung gegenüber Frankreich erleichtert.

Schon vorher, ab der ersten Hälfte des 19. Jahrhunderts gehen viele nordische Studenten nach Berlin, der für sie wichtigsten europäischen Metropole. Zur norwegischen Kolonie gehören auch Schriftsteller, Maler und Musiker. Henrik Ibsen und Edvard Munch erreichen hier ihren Durchbruch. Ersterer feiert im Berliner Schauspielhaus seine großen Triumphe und Munch, der mit allem bricht, was von der Malerei erwartet wird, erlangt schon 1892 durch seine nach drei Tagen unter Einflussnahme des Kaisers geschlossene Skandalausstellung Berühmtheit. Einige Bilder, darunter eine Variante des Werks „Der Schrei", entstehen in Berlin.

Nach einigem Hin und Her ist es im Jahre 1905 so weit. Am 9. November dieses Jahres sendet der bisherige Militärattaché der schwedischen Krone und nunmehrige erste Gesandte Norwegens in Deutschen Reich, Michael Strøm Lie das erlösende Telegramm an das Außenministerium in Christiana: Der Gjennombrudd (Durchbruch) ist erreicht.

Das Gjennombrudd-Telegramm

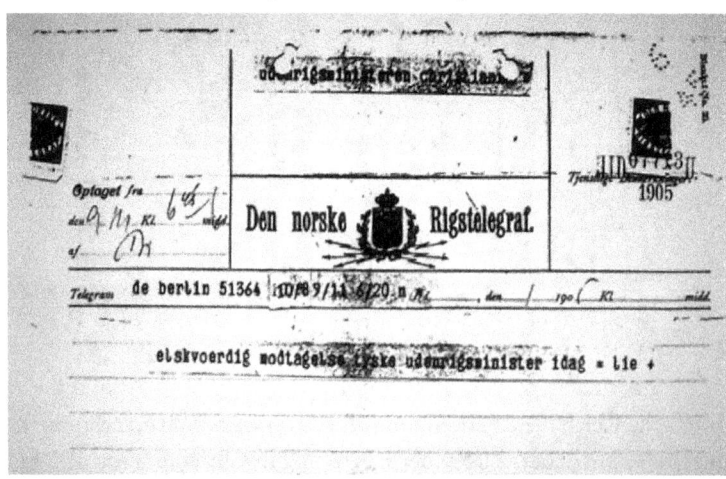

Auch in den Jahren nach der diplomatischen Anerkennung erhält das beträchtliche norwegische Milieu der Stadt gelegentlich künstlerische Impulse, die wie in früheren Zeiten nicht den Beifall der hiesigen Behörden finden. Der norwegische Gesandte hält es in diesen Fällen für richtig, sich mit Lob oder Tadel diplomatisch zurückzuhalten.

Dänemark

Berücksichtigt man die alten Zeiten, in denen Könige oder Fürsten Gesandte nur zeitweilig und in besonderer Mission ins Ausland entsenden, bestehen die diplomatischen Beziehungen Dänemarks zu deutschen Regierungsstellen bereits seit rund 300 Jahren. Seit 1770 unterhält der nördliche Nachbar dann einen ständigen Gesandtenposten in Berlin. Oft handelt es sich um Gutsbesitzer aus Holstein, die die Kosten dieser Tätigkeit überwiegend selbst tragen. Besondere Bedeutung gewinnt Berlin nach dem Krieg von 1866, als ganz Schleswig unter deutsche Oberherrschaft kommt.

Auch in der zweiten Hälfte des 19. Jahrhunderts besteht die Vertretung in der Regel nur aus dem Gesandten, seinem Legationssekretär und der Familie mit Privathaushalt – alle in einer Wohnung, von der die Kanzlei nur einen Raum beansprucht. Zur Miete in der Alsenstraße 4 wohnt erstmalig ein dänischer Gesandter in den zehn Jahren bis 1902.

Im Jahre 1912 tritt Graf Carl von Moltke, Spross einer der dänischen Linien des alten mecklenburgischen Adelsgeschlechts, das Amt als Gesandter an. Trotz unangenehmer Erinnerungen an Alsen mietet man sich wieder das Gebäude Alsentraße 4 ein, diesmal in zwei Etagen; das Erdgeschoss wird als Kanzlei, der erste Stock als Wohnung genutzt. Zwei Altmieter verbleiben in der zweiten Etage, die späterhin für die Drei-Personen-Wohnung der Familie Moltke und zur Unterkunft des sechsköpfigen Personals gedacht ist.

Moltke, ursprünglich Marineoffizier, wohlhabend, über gute Beziehungen verfügend, bringt sich massiv in die dänisch-deutschen Beziehungen ein. Der Vertrag vom 10. April 1922, in dem es um die Rückkehr Nordschleswigs unter dänische Oberhoheit und die veränderte Situation der deutschen Minderheit geht, kommt unter seiner maßgeblichen Mitwirkung zustande.

Alsenstraße 4, Dänische Gesandtschaft. Um 1910

Nach Ende des Ersten Weltkriegs bemüht sich die dänische Regierung um den Kauf ihrer Gesandtschaftsgebäude in wichtigen Hauptstädten. Im Falle von Berlin sind die Erben des Rentiers Alexander Löwenherz ihrerseits an der Veräußerung des Grundstücks Alsenstraße 4 interessiert. Am 8. Januar 1920 stimmt der Finanzausschuss des dänischen Parlaments (Folketing) dem Kauf zu – ohne Kürzung der Besoldung Moltkes trotz Wegfalls der Mietkosten. Die Witwe Löwenherz, die durch die große Inflation ihr Vermögen verliert, erhält Wohnrecht bis Lebensende. Als sie 1937 stirbt, wird die Wohnung für den Legationsrat eingerichtet – für kurze Zeit, wie sich bald erweisen wird. Das dänische Generalkonsulat mietet sich nebenan, im Südflügel des Palais Mendelssohn-Bartholdy, Alsenstraße 3a ein.

Dänische Gesandtschaft, Innenhof mit Tor zur Straße

Die Inflation kommt dem dänischen Käufer mit Riesenschritten entgegen. Schon im Januar 1920 reduziert sich die Kaufsumme von 900.000 Mark auf 150.000 Kronen. Umbaumaßnahmen von 1922, die mit 2.990.000 Mark veranschlagt sind, kosten den dänischen Staat nur noch 58.000 Kronen. Den letzten Rechnungsposten von 16. August 1923 in Höhe von 2.605.868 Mark begleicht man mit einem Betrag von 4,95 Kronen.

Dänische Gesandtschaft, Herrenzimmer

Nach dem dänischen Regierungswechsel vom 23. April 1924 wird Carl Moltke Außenminister des neuen sozialdemokratisch geprägten Kabinetts. Als neuer – und bis zum Zweiten Weltkrieg letzter dänischer Gesandter – wechselt Kammerherr Herluf Zahle von Stockholm nach Berlin, zum wichtigsten Zielort des dänischen Auswärtsdienstes. (vgl. hierzu auch: Carsten Staur, Die früheren dänischen Gesandtschaftsgebäude in Berlin. In: Susanne Berndt, Königlich Dänisches Ministerium des Äußeren (Hrsg.), Kopenhagen 1999).

Österreich-Ungarn

Die k. u. k. Monarchie Österreich-Ungarn steht bis 1918 nach Russland für die zweitgrößte Fläche Europas. Der Vielvölkerstaat umfasst insgesamt 693.000 Quadratkilometer bei 44 Millionen Einwohnern, das Deutsche Reich kommt nur auf 540.000 Quadratmeter, allerdings mit einer Bevölkerung von 50 Millionen Menschen. In Berlin residiert die Großmacht gegenüber dem Generalstab auf dem Grundstück Moltkestraße 3, dem ehemaligen Palais Ratibor, das sie zunächst mietet und im April 1889 erwirbt. Es handelt sich um ein Gebäude, dessen Fassade in rötlichem Nebraer Sandstein ausgeführt ist und deren Innenausstattung von kostbaren Baustoffen zeugt. Die Baukosten erreichten seinerzeit auch deshalb den hohen Betrag von 600.000 Mark, weil sich hier einer der Tiefpunkte der alten Spreewiesen befand und ähnlich wie beim Generalstabsgebäude die Gründung auf bis zu 11 Meter tiefen Senkkästen erfolgen musste. Ein Jahr später kommt als Kanzleigrundstück, die damals ebenfalls von Ratibor erworbene Parzelle Kronprinzenufer 14 hinzu; wobei sich beide in ihrer rückwärtigen Ausdehnung berühren.

Uniform eines k. u. k. Botschafters

Zweiundzwanzig Jahre, von 1892 bis 1914, wird die Habsburger Monarchie am kaiserlich deutschen und königlich preußischen Hofe von Graf Ladislaus von Szögyenyi-Marich von Magyar-Szögyen und Szolgaegyhaza, davor ungarischer Minister, vertreten. Er ist der dritte Botschafter seit 1871 in Berlin; auch seine beiden Vorgänger waren ungarische Grafen. (zum Folgenden s. auch Rudolf Agstner, 130 Jahre Österreichische Botschaft Berlin, Berlin 2003).

Das Gehalt des Botschafters beläuft sich auf jährlich 8.400 Gulden plus einer Funktionszulage von 43.400 Gulden sowie als Entlohnung für zusätzliche Verpflichtungen als Gesandter an den großherzoglichen Höfen von Mecklenburg-Schwerin, Mecklenburg-Strelitz, Oldenburg und Braunschweig 4.200 Gulden, zusammen 56.000 Gulden, etwa 500.000 Euro. Hinzu tritt eine einmalige Übersiedlungs- und Einrichtungspauschale von 10.000 Gulden.

Ladislaus von Szögyenyi-Marich

Für eine Großmacht ist der Personalbestand der Botschaft nach Auffassung von Szögyenyi-Marich klein: neben dem Botschafter zwei Legationsräte, ein Legationssekretär, ein Kanzleirat und ein Militärbevollmächtigter, die – so die offenbar erfolglose Klage nach Wien – mit geringer Unterbrechung von zehn bis 17 Uhr arbeiten müssen.

Nicht ohne Berechtigung ist die Kritik an Größe und Zustand des Gebäudes. Der letzte k. u. k. Minister des Äußern, Ludwig Freiherr von Flotow erinnert sich:

„Ein einstöckiges Familienhaus mit Mansarde, das mit seinen vier Fenstern in der Front (es waren fünf – H. Z.) zwischen hohe Zinshäuser eingezwängt war. ... Das Appartement des Botschafters war düster. Durch ein stockfinsteres Vorzimmer trat man in eine Art Bibliothek, neben der sich ein zweifenstriges Schreibzimmer befand, in welchem nicht nur er, sondern die ganze Familie sich den größten Teil des Tages aufhielt. ... Der erste Stock, zu dem eine hübsche Freitreppe führte, enthielt die Empfangsräume, die aber nur bei besonderen Festlichkeiten in Verwendung kamen."

Überdies ist das Botschaftspalais in einem schlechten Zustand. Am 7. Februar 1895 löst sich im Treppenhaus ein Teil der Decke. „Zum Glück wurde niemand verletzt", depeschiert Szögyenyi nach Wien. Im Jahre 1897 beantragt er die Einführung des elektrischen Lichts, da man auch hier hinter den Botschaften von Russland, England, Frankreich und selbst Italien zurückstehe. Der Anschluss kommt ein Jahr später zustande; das Kanzleigebäude ist indes erst 1916 an der Reihe.

Moltkestraße 3, Österreichische Botschaft. Um 1930

Noch weiteren technischen Neuerungen steht Szögyenyi indes auch selbst nicht sehr aufgeschlossen gegenüber. Sein späterer Nachfolger Gottfried Prinz Hohenlohe-Schillingsfürst, der den Botschafter vorübergehend vertreten muss, schreibt an einen Bekannten:

„Die Nervosität Szögyenyis vor seiner Abreise nach Harzburg war entsetzlich. So hatte ich den rasend aufgeregten Zigeunerbaron noch zu beruhigen und um ihn zu trösten, sagte ich: ‚… wenn etwas Besonderes los ist, kann ich Ihnen ja sogar telefonieren, denn sicher geht ein Telefon nach Harzburg', worauf er mir sagt ‚nur nicht telefonieren, denn dos konn ich nicht' und auf mein verblüfftes Gesicht wiederholte er ‚ich konn dos nicht und bin wirklich schon zu old, um sowos zu lernen'".

Unabhängig von derartigen Eigenheiten gilt Szögyenyi als herausragender Diplomat. Die Verleihung des erblichen Grafenstands durch Franz Joseph gilt als außerordentlicher und seltener Beweis des kaiserlichen Vertrauens. Auch Wilhelm II. lässt es sich nicht nehmen, die österreichische Botschaft anlässlich von Feiertagen des Nachbarlandes und zukünftigen Kriegsverbündeten mit seiner Anwesenheit zu beehren.

Kronprinzenufer 14, Österreichisches Kanzleigebäude

Auch die österreichisch gemütliche Atmosphäre im Hause Szögyenyi findet ihre Würdigung. So schreibt eine Diplomatengattin in ihren Erinnerungen: „Wir fühlten uns bald heimisch in der Hauptstadt des Deutschen Reiches und wurden auch freundlich aufgenommen, vor allem von unserem Botschafter und Gemahlin Graf und Gräfin Szögyenyi-Marich und deren Töchter; der alte Herr, ein liebenswürdiger Ungar alten Stils, ein Original, aber geistreich und ausgezeichneter Diplomat. Er und seine Gattin, ... die leider stocktaub war, hielten für die Botschaftsmitglieder ein offenes Haus; es war ein patriarchalisches Milieu, das uns geboten war, welches man immer gerne aufsuchte. Zum Tee empfing die Botschafterin täglich; dieser spielte sich neben dem Schreibtisch Seiner Excellenz recht gemütlich ab. Er conferierte zwischendurch mit seinen Herren und ließ sich durch die Damenbesuche absolut nicht stören. Auch fand man gar nichts dabei, von einer Schar kläffender Dackeln empfangen zu werden, die einen zuweilen auch in die Beine zwickten. Szögyenyis waren allgemein beliebt, durch ihre lange Anwesenheit in Berlin ... hat man sich an ihre Eigentümlichkeiten gewöhnt."

Am 27. Juni 1914 kommt der Dreiundsiebzigjährige in einem Schreiben an den k. u. k. Minister des Äußern, Graf Berchtold um seine Enthebung von dem Posten in Berlin und die Übernahme in den dauernden Ruhestand ein. Der Zeitpunkt liegt nur wenige Wochen vor der österreichisch-ungarischen Kriegserklärung an Serbien.

Kaiser Franz Joseph stimmt einer Pension in Höhe des letzten Gehalts von umgerechnet 70.000 Euro zu, und verleiht dem bereits vielausgezeichneten verdienstvollen Staatsdiener das Großkreuz des St. Stephansordens mit Brillanten. Auch Wilhelm II. würdigt in einem Handschreiben an seinen „Herrn Vetter, Bruder und Freund", die k. u. k. Majestät, die Verdienste Szögyenyis „um die Pflege der deutschen und österreichisch-ungarischen Bundesfreundschaft".

Szögyenyis Nachfolger in Berlin wird der bereits erwähnte Prinz Hohenlohe-Schillingsfürst, der am 19. August 1914 in das ehemalige Haus seines Onkels Ratibor einzieht. Der deutsche Reichskanzler von Bülow beschreibt den Prinzen als einen „... jener österreichischen Aristokraten, die durch Leichtsinn und Unfähigkeit viel zum Sturz des habsburgischen Reiches beigetragen haben".

Ende 1918 wird Hohenlohe-Schillingsfürst in den zeitlichen Ruhestand versetzt; von 19 Beamten der Botschaft gelangen zehn in die „Disponibilität". Aus „Deutschösterreich" von 1918 wird 1919 die „Republik Österreich". Der neue Botschafter Hartmann nimmt seinen Sitz in der Bendlerstraße. Die beiden Botschaftsgebäude im Alsenviertel kommen am 16. Dezember 1920 in das Eigentum des offenbar für Spekulationszwecke gegründeten „Allgemeinen Bankverein für Grundbesitz, Handel und Industrie AG".

Schweiz

Das ehemalige Frerichssche, dann Kuhnheimsche Palais, Fürst-Bismarck-Straße 4 gelangt am 17. Januar 1920 in das Eigentum der Schweizerischen Eidgenossenschaft. Damit besitzt die Berner Regierung zum ersten Mal ein eigenes Gebäude in Berlin. Vorher wandern die Gesandten von Adresse zu Adresse, beginnend 1868 mit der Wilhelmstraße, über die Bellevuestraße, die Hitzigallee bis zur Klingelhöferstraße. Meist sind es größere Wohnungen, die man mietet und in denen sich die Arbeitsstätte des Chefs unter Umständen kaum von der guten Stube eines besseren Pensionärsquartiers unterscheidet. Andere, mit kurzzeitiger Mission beauftragte Gesandte beschränken sich gar auf Hotels.

Paul Dinichert, Gesandter in Berlin von 1932 bis 1938

Für die neu erworbene Liegenschaft am Königsplatz bezahlt der Gesandte Alfred von Planta 1,7 Millionen Reichsmark, was ungefähr einer halben Million Schweizer Franken entspricht – ein gutes Geschäft vor dem Hintergrund der seit dem Vorjahr grassierenden Hyperinflation.

Der Eigentümerwechsel löst nur geringfügige Baumaßnahmen aus. Der Schweizer Architekt und Wallotschüler Ernst Meier-Appenzell – von ihm stammt auch das zwischen 1934 und 1936 errichtete Bankgebäude „Haus der Schweiz" Unter den Linden Ecke Friedrichstraße – gestaltet im zweiten Stock die Privatgemächer in Büros um. Die Pferdeboxen im Hinterhaus verwandeln sich in zwei Garagen, und 1934 entsteht noch eine Verbindungsbrücke im zweiten Stock zwischen Hauptgebäude und Hinterhaus.

Bibliothek mit Kassettendecke. Portrait das Gesandten Alfred de Claparède

Noch für einige wenige Jahre bleibt die Schweizerische Gesandtschaft Bestandteil eines auch von anderen diplomatischen Missionen bevorzugten Quartiers. Dann kommt es im Alsenviertel zu gravierenden Veränderungen, bei denen dem Schweizer Botschaftsgebäude die Rolle des sprichwörtlichen „Felsen in der Brandung" zufällt.

8 Quartier für Parlament und Regierung

Das historisch erste Instrument zur physischen Zerstörung des Alsenviertels ist nicht die Bombe, nicht die Granate, sondern – die Spitzhacke. Das Zertrümmern beginnt in Friedenszeiten.

Denn schon im Jahre 1950 will Adolf Hitler der internationalen Öffentlichkeit während einer Weltausstellung seine neue „Welthauptstadt" präsentieren und diese bei gleicher Gelegenheit umbenennen. Aus „Berlin" wird „Germania".

Der Plan des Albert Speer

Kernstück des neuen Stadtgrundrisses ist ein Achsenkreuz. Dessen Schnittpunkt liegt gemäß den Planungen von Albert Speer, Generalbauinspektor für die Reichshauptstadt, wenige hundert Meter westlich vom Brandenburger Tor, dort, wo heute – nicht zufällig – das sowjetische Ehrenmal steht. Die Ost-West-Achse dieses Kreuzes nimmt den vorhandenen Straßenzug der Charlottenburger Chaussee auf, die indes wesentlich verbreitert wird.

Modell Große Halle

Die Nord-Süd-Achse stellt demgegenüber eine völlige Neuanlage dar. Ihr sieben Kilometer langer Mittelabschnitt – jetzt, im Planjahr 1938, noch von

Tausenden Wohnungen, von Friedhöfen und vom innerstädtischen Eisenbahnnetz belegt – vereinigt alle wichtigen Staats- und Parteibauten, die Repräsentationsgebäude großer Wirtschaftsunternehmen, kulturelle Einrichtungen sowie verschiedene Denk- und Ehrenmäler.

Insbesondere ein Bauwerk der 120 Meter breiten Nord-Süd-Achse sprengt alle baulichen Größenordnungen. Wenn der „Führer" Speers Germania-Modell besichtigt, verweilt er immer längere Zeit vor der „Großen Halle". Sie steht direkt neben dem Reichstagsgebäude, das sich gegenüber dem riesenhaften Nachbarn wie eine Hundehütte ausnimmt. Der Kuppelbau mit quadratischem Grundriss ist mit einer Seitenlänge von 315 Metern und einer Höhe von 320 Metern das größte Bauwerk der Welt, in dem nach Hitler die Peterskirche in Rom verschwinden könnte. Der runde Innenraum, der 150.000 bis 180.000 Menschen fassen kann, ist auf einen Durchmesser von 250 Meter angelegt.

Große Halle und nördliches Wasserbecken

An drei Stellen ist die „Halle des Volkes" von Wasser umgeben, das den Kuppelbau spiegelt und dessen Wirkung verstärkt. Da das Gebäude in das Bett der Spree hineinragt, wird der Fluss umgeleitet und unterquert samt Binnenschifffahrt den vor der Halle angelegten Platz. Die Halle und deren Umgebung hätten das Alsenviertel sowie den alten Spreeverlauf unter sich begraben.

Abbruch am Reichstagufer. 1939

Am 14. Juni 1938 beginnt – gleichzeitig an 16 Baustellen – der „große Neubau Berlins", so die euphorische Umschreibung durch den Berliner Lokal-Anzeiger. Bis zum Jahre 1943 werden die Arbeiten fortgesetzt und dann kriegsbedingt abgebrochen.

Im Alsenviertel fallen der Spitzhacke die Ostseite der Roonstraße, die Hindersinstraße, das westliche Ende des Reichstagsufers, das Kronprinzenufer östlich der Alsenstraße und das Haus Königsplatz 6 und zum Opfer. Es wird nicht gesprengt, sondern wegen der Materialknappheit ausgeschlachtet. Vor dem Abtragen der Mauern entnimmt man Türen, Fenster, Parkettböden und andere wiederverwendbare Materialien.

Voraus geht eine allgemeine Enteignung des Grundbesitzes. Jüdische Haubesitzer oder Mieter bringt man in Sammelstellen unter, von denen aus die Transporte in die Vernichtungslager erfolgen. Selbst den oft begüterten jüdischen Mitbürgern des Alsenviertels gelingt es nicht immer, rechtzeitig außer Landes zu gehen.

Spreebogen. Situation 1928

Auch der Durchstich der Spree beginnt. Das Ziel ist, den alten Spreeverlauf zwischen Kilometer 14 und Kilometer 14,9 sowie den Kanal zwischen Spree und Humboldthafen den Planungen des Generalbauinspektors verfügbar zu machen. Der bis zum Abbruch der Arbeiten entstandene Teich wird nach dem Krieg zugeschüttet.

Spreebogen. Situation 1943

Die zunächst verschonten Straßenzüge sollen später an die Reihe kommen, darunter auch das Gebäude des Innenministeriums und vormaligen Generalstabs. Hier befindet sich das sogenannte Moltkezimmer, das zum Gedenkraum verwandelte ehemalige Arbeitskabinett des prominenten Generalstabschefs. Dessen Totenmaske hat ihren Platz auf dem Schreibtisch Moltkes des Älteren gefunden. Der drohende Verlust eines bedeutsamen Erinnerungsorts preußisch-deutscher Militärtradition alarmiert die Heeresführung. Sie beauftragt daher ein Kamerateam der armeeeigenen Filmstelle mit Aufnahmen des Zimmers insgesamt und wertvoller Details. Das damals entstandene stumme Filmmaterial lagert heute im Bundesarchiv.

Die Botschaften Dänemarks, Norwegens, Finnlands und der Schweiz

Merkwürdig, teilweise auch ungereimt muten die behördlichen Maßnahmen an, die gegenüber der Schweizerischen Gesandtschaft und den skandinavischen Missionen – sie befinden sich alle im vorerst verschonten Teil des Alsenviertels – getroffen werden.

Gegen Ende des Jahres 1937 findet ein als privat deklariertes Gespräch zwischen dem Protokollchef des deutschen Außenministeriums und dem dänischen Gesandten Herluf Zahle statt, in dem man letzterem mitteilt, dass es (nach Zahles Worten) „... dazu kommen könnte, dass der neue Bebauungsplan Berlins sich auf den Besitz der Dänischen Gesandtschaft in der Alsenstraße 4 derart auswirken könnte, dass von einem Erhalt am gegenwärtigen Ort nicht die Rede sein könnte." (zit. n.: Paul Widmer, Die Schweizer Botschaft in Berlin, Zürich 1997, S. 20).

Schon wenige Tage später, am 28. Dezember folgt das formelle Schreiben des Außenministers von Neurath, dass man von deutscher Seite ab 1. Mai 1939 über das Gebäude zu verfügen wünsche. Man sei bereit, als Ersatz für die enteignete Immobilie andernorts ein neues Gebäude zu errichten.

Ersatzbau Dänische Gesandtschaft, Tomas-Dehler-Straße 48

Letzteres entsteht dann nach Entwürfen des Architekten Johann Emil Schaudt ab Herbst 1938 in der Tiergartenstraße, heute Thomas-Dehler-Straße 48. Es ist ein großzügiges neoklassizistisches Gebäude mit der Gesamtfläche von 3.250 Quadratmetern für die Diensträume, die Wohnung des Gesandten, eine standesgemäß dem dänischen Königspaar vorbehaltene Gästewohnung, mehrere Salons, die Bibliothek sowie die Zimmer des Personals. Die Aufstellung von zwei großen Bronzefiguren an den Seiten der Einfahrt, die jugendliche Lebenshaltung nach nordischem Rassevorbild darstellen, lässt sich, da es sich um Geschenke der deutschen Regierung handelt, nicht vermeiden.

Der Umzug von der Alsenstraße am 29. April 1940 steht jedoch unter keinem guten Stern. Denn zwanzig Tage vorher wird Dänemark von der deutschen Wehrmacht besetzt, was die Stellung der Gesandtschaft maßgeblich verändert. Die Übergabe des Hauses findet zwar formell statt, aber ohne offizielle Teilnehmer aus Kopenhagen. Das Königspaar wird die ihm vorbehaltene Wohnung nie betreten.

Ab November 1943 ist das Gebäude wiederholt Bomben-, zuletzt auch Artillerieangriffen ausgesetzt. Die brauchbaren Räume werden dennoch genutzt. In der Nachkriegszeit sitzt hier die Dänische Militärmission, danach das Dänische Konsulat. Wie alle anderen Missionen ist auch die Dänische Gesandtschaft in Bonn ansässig. Im Jahre 1977 wird die Immobilie am Südrand des Tiergartens verkauft und rundum instandgesetzt bzw. modernisiert.

Im Falle der Norwegischen Gesandtschaft, Alsenstraße 2 verkürzt sich die Prozedur. Die Reichsbaudirektion beauftragt zwar die Potsdamer Architekten von Estorff und Winkler mit einem Ersatzbau in der Rauchstraße 11. Und eigentlich soll das neue Gesandtschaftsgebäude am 1. Mai 1940 eingeweiht werden. Drei Wochen vorher marschieren indes die deutschen Truppen in das skandinavische Land ein, das deshalb am 9. April 1940 die diplomatischen Beziehungen abbricht.

Ersatzbau Norwegische Gesandtschaft, Rauchstraße 11

Statt der Einweihung sichert sich Außenminister Ribbentrop die „Kriegsbeute" für private Zwecke. Hier soll er sich mit seiner Freundin getroffen und das Gebäude für mehr oder weniger zweifelhafte Feste benutzt haben. Den Oberbürgermeister von Berlin, Ludwig Steeg stört wohl weniger die Zweckentfremdung des Gebäudes, eher dessen Gratis-Nutzung. Gegen letztere versucht er in einem Schreiben vom 27. Oktober 1941 den Generalbauinspektor für die Reichshauptstadt Albert Speer in Stellung zu bringen:
„Wie mir bekannt ist, benutzt das Auswärtige Amt z. Zt. das Grundstück für seine Zwecke. ... bitte ich um gefl. Stellungnahme, ob vom Auswärtigen Amt die Mietzahlung gefordert werden kann. M. E. müsste eine Mieterstattung zugunsten der Neugestaltung der Reichskanzlei erfolgen." (Königlich Norwegische Botschaft, Scener fra en ambassades liv. Berlin 1905–2002, Berlin 2002 (norwegisch), S. 96).

Im Jahre 1945 bezieht die Norwegische Militärmission das nur mäßig beschädigte Gebäude. Ihr Presseattaché ist im Jahre 1947 der spätere Regierende Bürgermeister, Bundeskanzler und Friedensnobelpreisträger Willy Brandt. Vorübergehend, von 1997 bis 1999 befindet sich hier das

Norwegische Botschaftsbüro. Heute wird das Haus als Büro- und Wohngebäude genutzt.

Den finnischen Behörden bietet man ein bereits existierendes Gebäude in der Rauchstraße Ecke Friedrich–Wilhelm–Straße (heute Klingelhöferstraße) an. Nach einigen Umbauten bezieht die finnische Gesandtschaft im August 1939 das im Vergleich zur Alsenstraße 1 wesentlich größere Grundstück.

Nach dem Bombenangriff vom 22. November 1943 ist das stark beschädigte und ausgebrannte Haus nicht mehr nutzbar. Als gedachte Übergangslösung wandert die Gesandtschaft in das 70 Kilometer entfernte Schloss Molchow bei Neuruppin.

Heute teilt sich das Land mit Schweden, Dänemark, Norwegen und Island den gemeinsamen Botschaftskomplex der nordischen Staaten, der sich am Ort der früheren finnischen Gesandtschaft befindet.

Ein völlig anderes Schicksal ist der Schweizerischen Gesandtschaft beschieden. Auch ihr wird neuer Baugrund am Südrand des Tiergartens zugewiesen. Das Deutsche Reich erwirbt dazu zwei Grundstücke und bricht die dortigen Wohnhäuser ab, die Villa Schwarz in der Lichtensteinallee 4 – eine besonders gut gelungene Schöpfung des Architekten Grisebach – und das deutlich größere Anwesen Rauchstraße 15. Letzteres kostet mit 378.000 Reichsmark mehr als das Doppelte des Nachbargrundstücks.

Das vom Architekten Eberhardt entworfene Gebäude, das sich direkt an die Spanische Botschaft anschließt, ist im für die NS-Zeit typisch streng klassizistischen Stil gehalten. Der Umfang der zusammengelegten Grundstücke erlaubt einen voluminösen Bau mit Seitenflügel, freistehendem Gartenhaus und Ehrenhof. Für den Innenausbau engagiert der Gesandte Hans Frölicher einen eigenen Architekten, um dem Besucher dereinst den Eindruck zu vermitteln, sich in einer Vertretung mit Schweizer Kolorit zu befinden.

Zu Kriegsbeginn ist das Gebäude im Rohbau fertiggestellt. Die Büroräume könnten bereits bezogen werden, während sich der Ausbau der Repräsentationsräume verzögert. Kurz nach Kriegsbeginn stellt man die Arbeiten ein. Das Haus wird weder übergeben noch bezogen. Es fällt den schweren Nachtangriffen der britischen Luftwaffe vom November 1943 zum Opfer. Die Reste des Neubaus trägt man nach dem Krieg ab. Heute ist dieses Gelände der jenseits des Landwehrkanals befindliche Teil des Zoologischen Gartens.

Sturm auf den Reichstag

Die Häuser der von Speer noch verschonten Straßenzüge des Alsenviertels überstehen die Luftangriffe vom November 1943 und die beiderseits hartnäckig geführten Bodenkämpfe Ende April, Anfang Mai 1945 – mit einer Ausnahme – nicht. Der bereits erwähnte Schweizerische Gesandte Frölicher erinnert sich:

„Berlin war in den acht Tagen meiner Abwesenheit ein Trümmerhaufen geworden. ... Bei der Gesandtschaft sah es besonders trostlos aus. Fast ausnahmslos waren fast alle Häuser unseres Quartiers abgebrannt oder auseinandergesprengt, nur die Gesandtschaft bildete eine Ausnahme. Vor dem Haus stand eine Motorspritze und begoss die brennenden Nachbarhäuser, um ein Übergreifen des Feuers auf das Gesandtschaftsgebäude zu verhindern. Meine Mitarbeiter und Mitarbeiterinnen waren beschäftigt, Schutt wegzuräumen, die Fenster mit Pappe zuzunageln und ein Büro nach dem andern wieder benützbar zu machen. ... Die Wiederherstellungsarbeiten nahmen längere Zeit in Anspruch, bis man dann, nach einem neuen Luftangriff, wieder von vorne anfangen konnte." (zit. n.: Paul Widmer, Die Schweizer Botschaft in Berlin, Zürich 1997, S. 31. Aus dieser Quelle stammt auch ein Teil der folgenden Ausführungen).

Dass das alte Stadtpalais erhalten bleibt, ist neben Glücksumständen und rasch ergriffenen Gegenmaßnahmen seiner massiven Bauweise mit tragenden Mauerwerkswänden und massiven Decken zu verdanken, die dem Luftdruck standhalten. Beim Umbau der Jahre 1910/11 hatte man das hölzerne Giebelgebälk durch eine flache, widerstandsfähige Betondecke ersetzt. Hinzu kommt, dass man rechtzeitig vom Auswärtigen Amt einen Löschzug anfordert, der das Übergreifen des Feuers verhindert. Nicht selten löscht der während dieser grauenvollen Nächte in der Gesandtschaft verbleibende Chauffeur des Gesandten, Richard Fritze, mit der Handpumpe von Brandbomben verursachte Feuer.

Zu den Glücksumständen gehört, dass das Haus von einem Bombenvolltreffer verschont bleibt; man zählte nur 17 Artillerieeinschüsse. Eine Bombe durchschlägt im Hof ein Ölfass, ohne zu zünden. Mehrere Blindgänger liegen hinter der Gesandtschaft. Sie explodieren beim Versuch, sie zu entschärfen und kosten fünf KZ-Häftlingen das Leben. Kurz nach Kriegsende findet man in der Speisekammer, einem Teil des Kellers, eine 60 Kilogramm schwere russische Fliegerbombe, die unentschärft von zwei Mitarbeitern der Botschaft im Wäschekorb beiseite geschafft wird.

Seit diesen Novembernächten ist die Gesandtschaft das einzige bewohnbare Haus im Spreebogen. Vereinzelt vegetieren in der Umgebung noch Nachbarn in Kellerbehausungen. Mit Hilfe der Pumpvorrichtung, die die Schweizer auf ihrem Gelände installiert haben, können sie sich mit Wasser versorgen.

Nicht nur zerstört wird im Alsenviertel, sondern auch neu gebaut: ein Bunker. Die Reichsbaudirektion errichtet ihn für die Botschaft; der Luftschutzkeller der Gesandtschaft genügt trotz seiner schweren Eisentüren nicht den Anforderungen. Da auf dem eigenen Gelände der Platz fehlt, wählt man zum Bau den nur wenige Meter entfernten Mittelstreifen der Alsenstraße aus. Wegen des im Viertel bekanntermaßen feuchten Untergrunds fällt die Entscheidung für einen Hochbunker – mit zwölf mal zwölf Metern im Grundriss und einer zwei Meter dicken Schutzhülle.

Schweizerische Gesandtschaft, links daneben der Hochbunker. 1967

Noch vor der Übergabe an die Schweiz bekommt der noch nicht ganz fertiggestellte Bunker in der tragischen Nacht vom 22. zum 23 November 1943 seine Feuertaufe. Auch später, bei den am Tag vorgetragenen Tiefflugangriffen der Amerikaner im Jahre 1944 rettet der Bunker manches Menschenleben. Neben dem Gesandtschaftspersonal, für das der Betonklotz eigentlich reserviert ist, suchen hier Beschäftigte vom Pariser Platz, in der Gesandtschaft vorübergehend untergebrachte Schweizer Heimkehrer aus den Ostgebieten und benachbarte Kellerbewohner Schutz. „Oft schrien auch noch Frauen und Kinder vor den verschlossenen Türen, die man auch nicht ihrem Schicksal draußen überlassen konnte", erinnert sich Frölicher. (ebenda S. 37). Sich die Enge auf den 24 Quadratmetern vorzustellen, bedarf keiner großen Fantasie – ganz zu schweigen von den Ängsten vor Einschlägen; sie bringen das gesamte Bauwerk zum Schwanken. Außerdem – hätten zwei Meter Beton einer Volltreffer-Bombe maximaler Stärke widerstanden?

Der Dienstbetrieb der Schweizerischen Gesandtschaft geht während des gesamten Krieges ohne Unterbrechung weiter, vor Ort indes zuletzt nur noch mit wenig Personal. Die Arbeitsplätze eines Großteils der Angestellten werden an weniger gefährdete Orte außerhalb von Berlin verlagert. Der Gesandte Frölicher selbst quartiert sich mit einigen Mitarbeitern zeitweilig im Schloss Börnicke bei Bernau ein, jenem Ort, der wenige Jahre zuvor noch dem Bankier Paul Mendelssohn-Bartholdy, damals wohnhaft im Palais Alsenstraße 3/3a, gehört hatte.

Den im Alsenviertel verbliebenen Bewohnern und Botschaftsangestellten stehen kurz vor Kriegsende 1945 schwere Tage bevor. Hier setzten sich unter gewaltigen Opfern die von Nordwesten her anrückenden Einheiten der Roten Armee für qualvolle Stunden fest. Eine letzte Atempause vor dem Sturm auf den Reichstag. (vgl. zum Folgenden: Anthony Beevor, Berlin 1945 Das Ende, München 2012, S. 403ff; Tony LeTissier, Race for the Reichstag: the 1945 Battle for Berlin, London 1999, S. 175ff (engl.).

Es beginnt mit dem harten und blutigen Kampf um die Moltkebrücke in der Nacht vom 28. zum 29. April. Gegen das schwere Gerät, das die deutschen Verteidiger der Brücke einsetzten – hauptsächlich Panzer und Panzerabwehrkanonen sowie Panzersperren – rücken die russischen Einheiten mit dem Panzer JS-2, dessen Kanone über ein Kaliber von 122 Millimeter verfügt und der Selbstfahrlafette SU-152 mit ihrer 152,4 Millimeter – Haubitze vor.

Die Verteidiger der Brücke und des Generalstabsgebäudes sind überwiegend SS-Leute, aber auch Reste der 9. Fallschirmjägerdivision, die Marine-Radartechniker vom Großadmiral-Dönitz-Bataillon und zwei Bataillone

Volkssturm, jenes letzte, aus Wehrdienstuntauglichen bestehende zivile Aufgebot. Abwehrfeuer und Gegenangriffe machen den sowjetischen Einheiten nicht nur von vorn und von den Flanken zu schaffen, sondern auch von rückwärts, denn auch im Lehrter Güterbahnhof stehen noch deutsche Truppen.

Von der Moltkebrücke Richtung Alsenviertel und Reichstag. 29. April 1945

Am 29. April, nachts zwei Uhr, gelingt es den ersten Einheiten der Roten Armee, die Brücke unter heftigem Beschuss und erheblichen Verlusten zu überqueren und sich in der Eckhausruine Kronprinzenufer 16/ Moltkestraße 4 festzusetzen. Von dort aus beginnt der Kampf um die Erweiterung dieses Brückenkopfs von Haus zu Haus. Soldaten der 150. Division durchkämmen die Ostseite der Moltkestraße, das 525. Schützenregiment dringt entlang des Kronprinzenufers vor.

Die zweite Phase der Kämpfe im Alsenviertel beginnt um sieben Uhr. Das Ziel ist das „Haus Himmlers", wie die Russen das Generalstabsgebäude nennen; es kann wegen der herrschenden Enge nur mit Maschinenpistole und Handgranaten genommen werden. Nach einem kurzen, zehnminütigen Feuerschlag überqueren die Russen die Moltkestraße und halten sich dicht an den Mauern des Innenministeriums, dessen Türen und Fenster bis auf Schießscharten verbarrikadiert sind. Schließlich gelingt es, den Eingang und dann die Empfangshalle zu erstürmen. Über die Haupttreppe erstrecken sich die Kämpfe nach und nach auf alle Stockwerke. Der heftige Widerstand im erstickenden Qualm von brennenden Möbeln und Teppichen zwingt den Kommandeur der Reste der 150. Division, zur Verstärkung das 674. Schützenregiment anzufordern. Während in den oberen Etagen noch gekämpft wird, bereitet das Küchenbataillon bereits das Frühstück für die Sturmtrupps zu.

Nach einundzwanzig Stunden, am 30. April um vier Uhr morgens sind die Kämpfe im Alsenviertel beendet. Die 171. Division und das 525. Schützenregiment haben das Alsenviertel zwischen Alsen- und Moltkestraße „gesäubert", die 150. Division das Innenministerium. Die Verluste sind auf beiden Seiten sehr hoch; das sowjetische 469. Schützenregiment wird von diesem Zeitpunkt an in keinem Bericht mehr erwähnt. Bemerkenswert ist der Brief eines kurze Zeit später gefallenen einfachen russischen Soldaten: „Ich lebe und bin gesund, nur die ganze Zeit ein wenig berauscht. Aber das brauchen wir, um uns Mut zu machen. Eine vernünftige Ration Drei-Sterne-Kognak schadet nicht." Von deutschen Kampfbeteiligten liegen keine Zeugnisse vor; Überlebende aus den Reihen der Verteidiger konnte der britische Historiker Anthony Beevor nicht ausfindig machen.

Russische Kampfeinheit in der Moltkestraße. Anfang Mai 1945

In der Schweizer Gesandtschaft, die einen guten Einblick über den Königsplatz auf den Reichstag, dem Ziel der Operation, gewährt, richtet die sowjetische Division ihr Hauptquartier ein. Ein- und Ausgang ist nicht das zur Frontseite zeigenden Hauptportal, sondern eine Bresche in der Seitenmauer. Die Räume über der Garage im Hinterhaus beziehen Telefonsoldaten mit ihren Apparaten. Gegen die völkerrechtswidrige Besetzung protestiert ein leitender Beamter der Gesandtschaft vergeblich bei hohen Offizieren, die ihn immerhin höflich anhören.

Insgesamt zehn Tage hausen die Besetzer in der Gesandtschaft und hinterlassen einen unbeschreiblichen Unrat. In einigen der mit Damast bespannten Räume sind Sanitätshunde eingesperrt. Zigarettenreste verursachen im Salon einen Brand, den Angehörige der Mission aber frühzeitig löschen kann. Letztere müssen Teile der Besetzungszeit unter Verschluss im Keller verbringen.

Roonstraße. Juni 1946

Der Sturm auf den Reichstag verzögert sich, weil Bataillonskommandeur Njeustrojew, der den Angriff anführen soll, irritiert ist. Auf seiner Karte, die er auf einem Tisch im Parterre des Innenministeriums ausgebreitet hat, steht in der Angriffsrichtung ein großes graues Gebäude im Weg. Dies sei der Reichstag, eröffnet ihm aufgebracht sein Regimentskommandeur. Alle haben den Befehl Stalins im Nacken, dieses Gebäude als Symbol des Sieges vor dem 1. Mai, also noch heute, einnehmen zu müssen, denn nicht die

Reichskanzlei, sondern den Reichstag symbolisiert man als Hitlers Kommandozentrale. Dennoch verhört der junge Hauptmann zunächst noch zwei gefangene Volkssturmmänner, die unabhängig voneinander angstschlotternd den Bau identifizieren und versichern, dass dies in Berlin der „einzige Reichstag" ist.

Schweizerische Gesandtschaft, links Generalstabsgebäude. 1946

Nachdem sie beim Frühstück noch einmal Waffen und Ersatzmagazine überprüft hat, zieht um sechs Uhr die erste Kompanie in den Kampf. Sie kommt keine fünfzig Meter voran. Kurz danach stürmen zwei sehr gelichtete Bataillone noch einmal. Erneut fallen zwischen Drahtverhauen und Gräben zahlreiche Männer im schweren Sperrfeuer, das vom Reichstag und aus der Krolloper kommt. Erst am Nachmittag das 30. April erreichen die Soldaten von drei Infanterieregimentern die rauchende Ruine.

Alsenviertel, teils abgebrochen, teils kriegszerstört. Um 1946

Der Sieg ist errungen, aber die Erde des Alsenviertels und des Königsplatzes ist, besonders rings um das heutige Bundeskanzleramt und die Schweizerischen Gesandtschaft, vom Blut Tausender Menschen getränkt.

Von den Gebäuden überlebt nur die Schweizer Mission das Kriegsende. Weitgehend unversehrt steht sie im Frühjahr 1945 gespensterhaft inmitten der verwüsteten Umgebung der Reichstagsruine – wie ein Sinnbild für die heile Schweiz im ausgelaugten Europa.

An der Berliner Mauer

Der Dornröschenschlaf des Spreebogens zieht sich nicht viel weniger als ein halbes Jahrhundert hin. Und wie im 19. Jahrhundert findet eine erste Bebauung nicht im Spreebogen selbst, sondern in dessen näherer Umgebung statt. Es handelt sich um das sowjetische Ehrenmal am Südrand des Königsplatzes mit Hauptfront zur heutigen Straße des 17. Juni. Die in der damaligen britischen Besatzungszone liegende Gedenkstätte wird bereits am 11. November

1945 mit einer Parade der Alliierten eingeweiht. Bis zum Jahre 1990 stehen Tag und Nacht zwei sowjetische Soldaten als Ehrenwache vor dem Denkmal.

Sowjetisches Ehrenmal, Straße des 17. Juni

Für den Bau sollen Quader aus der zerstörten Reichskanzlei verwendet worden sein. Blickfang ist die Soldatenfigur, eine Schöpfung der Bildhauer Lew Kerbel und Wladimir Zigal. Der Bronzeguss der Statue kann nur ausgeführt werden, nachdem die beauftragte Bildgießerei Noack in Berlin-Friedenau Ausrüstungen, die als Reparationsleistung bereits demontiert sind, zurückerhält. Im gärtnerisch gestalteten Teil der Denkmalsanlage sind ca. 2.500 Rotarmisten begraben.

Auch der zweite Nachkriegsbau entsteht in der Peripherie des Spreebogens. Die bereits oben erwähnte Kongresshalle auf dem Areal der ehemaligen „Zelten" wird im Jahre 1957 ihrer Bestimmung übergeben. Sie ist für mehrere Jahrzehnte das letzte Bauwerk im Umkreis des früheren Alsenviertels.

Das Reichstagsgebäude ist bis Anfang der sechziger Jahre insoweit wieder hergerichtet, dass vor Ort gelegentlich Plenarsitzungen des Bundestages abgehalten werden können, was regelmäßig verbalen Protest der

DDR-Regierung und in einem Falle lautstarke Störung durch tieffliegende sowjetische Düsenjäger auslöst.

Die Ruine der Krolloper macht man zunächst zwar provisorisch nutzbar, im Jahre 1952 ist sie indes verschwunden. Im Jahre 1956 wird schließlich das zu beträchtlichen Teilen erhalten gebliebene Generalstabsgebäude gesprengt.

Britischer Panzerspähwagen am Kronprinzenufer.
Gegenüber Charité, Berlin-Ost

Nach Entfernung der Trümmer und Verfüllung der Hohlräume mit Schutt besteht der Spreebogen hauptsächlich aus Grünflächen, „auf denen ein paar Krähen oder Tauben nach Nahrung suchen." (Pomlun). Das Gelände eignet sich für Jugendliche notdürftig zum Fußballspielen, besser zum Grillen und zum Hundeauslauf. Die Straßen erkennt man hier und dort an einigen Bäumen und Büschen, gelegentlich an einem Kanaldeckel.

Der vorerst noch verbliebene Bunker der Schweizerischen Gesandtschaft markiert das Südende der Alsenstraße. Östlich der Roonstraße ist ein Parkplatz für die Besucher des Reichstags eingerichtet. Einem zuweilen gastierenden Zirkus weisen die Behörden einen Platz an der Moltkestraße zu. Das

Kronprinzenufer ist hingegen neu asphaltiert. Hier patrouillieren britische Armeefahrzeuge an der Grenze ihrer Besatzungszone zum sowjetischen Sektor.

Spreebogen. Situation 1969

Der Senat von Berlin-West zeigt lange Zeit wenig Neigung, am Zustand des öden Spreebogens etwas zu ändern. Anders als vor zweihundert Jahren ist es nicht der Zustand des Baugrunds, der die Regierenden zögern lässt, sehr wohl aber – wie damals – eine Mauer. Der 13. August 1961 verwandelt den Spreebogen endgültig in abgelegenes Grenzgebiet. Die Mauer verläuft östlich des kurzen Kanals, der zum Humboldthafen führt und dessen Brücke – wie auch die Kronprinzenbrücke – dem Krieg zum Opfer fiel, direkt auf dem Ostberliner Hochufer.

Der einzige lebendig gebliebene Ort ist die ehemalige Schweizerische Gesandtschaft. Im September 1945 zieht hier die sogenannte Heimschaffungsdelegation ein; ihre Aufgabe ist die Heimführung von Landsleuten aus den ehemaligen deutschen Ostgebieten. Sie findet das Gebäude in einem schlechten, im Vergleich zur Umgebung jedoch nachgerade beneidenswerten Zustand vor. Der Keller, das Erdgeschoss und die Residenz im ersten Stock sind noch benutzbar. Erheblich beschädigt sind hingegen die Büros in der zweiten Etage und das Dachgeschoss. Mit eigenen Händen beginnt die Instandsetzung, wobei das Baumaterial teilweise aus der Schweiz herangeschafft werden muss. Im Jahre 1948 ist ein befriedigender Bauzustand hergestellt, und nachdem die Trümmer der Nachbarhäuser entfernt sind, können auch die nackten Brandmauern verputzt werden.

Ab 1973 wird das Gebäude zum Sitz des Schweizer Generalkonsulats und 1992 zur Außenstelle der Gesandtschaft, die vorerst in Bonn verbleibt. Nach Abschluss weiterer Renovierungsarbeiten, aber noch kurz vor Fertigstellung eines Erweiterungsbaus an der Ostseite bezieht die Schweizerische Botschaft im Jahre 2000 wieder ihr historisches Domizil.

Schweizerische Botschaft, Otto-von-Bismarck-Allee 4

Im Gegensatz zu der schon kurz nach Kriegsende einsetzenden Regsamkeit der Eidgenossen lassen vom Senat ausgehende Impulse zur Wiederbelebung des Spreebogens noch lange auf sich warten. Es dauert bis zum Jahre 1985, ehe man sich entschließt, einen städtebaulich-landesplanerischen Wettbewerb auszuschreiben. Heraus kommt eine Idee, die unter den gegebenen Bedingungen der politischen Spaltung der Stadt und des Landes nicht ohne Reiz ist: Es soll ein Deutsches Historisches Museum entstehen, ein Symbol neuer Urbanität an der deutsch-deutschen Grenze.

Doch dann kommt mit dem 9. November 1989 das Ende der Mauer. Dieser entscheidende Schritt zur Wiedervereinigung Deutschlands lenkt die Überlegungen zur Gestaltung des Spreebogens und seiner Umgebung in neue, ganz andere Richtungen. Die Museumplanung ist hinfällig, denn ein Museum für deutsche Geschichte gibt es bereits in Berlin. Stattdessen bietet sich an – nachdem im Gefolge der historischen Bundestagsentscheidung vom 20. Juni 1991 Berlin zur Hauptstadt der Bundesrepublik Deutschland geworden ist – in der Gegend rings um den Reichstag, darunter im Spreebogen, das neue Parlaments- und Regierungsviertel einzurichten.

Bundeskanzleramt und Parlamentsgebäude

Für die Gesamtplanung dieses Viertels im Spreebogen initiiert der Senat 1992 einen der bis dahin größten internationalen städtebaulichen Ideenwettbewerbe. Mehr als 800 Arbeiten werden vorgelegt. Die Jury entscheidet sich mit großer Mehrheit für den einfachen und ästhetisch reizvoll empfundenen Entwurf des Berliner Architektenbüros Axel Schultes und Charlotte Frank. Überzeugt hat vor allem „… die klare Zonierung, die räumliche Verknüpfung von Ost und West, die feierliche Würde und Symbolik." (Senatsverwaltung für Bau- und Wohnungswesen, Topographischer Atlas Berlin, Berlin 1995, S. 41).

Bevor jedoch die Arbeiten beginnen können, muss man sich – nicht zum ersten Mal in der Baugeschichte des Spreebogens – mit dem Grund und Boden beschäftigen. Dies nicht nur wegen der vorgesehenen Hoch- sondern auch auf Grund geplanter großformatiger Tiefbauten. Denn ungefähr zeitgleich mit den Regierungs- und Parlamentsbauten sollen drei Tunnelanlagen entstehen. Von Süden kommend unterqueren sie gemeinsam den Spreebogen und anschließend vor dem Hauptbahnhof die Spree, die deswegen für zwei Jahre um 70 Meter verlegt wird. Es handelt sich um einen Straßentunnel im Verlauf der Bundesstraße 96, um die Eisenbahnunterführung für den Fern- und Regionalverkehr und einen U-Bahn-Tunnel.

Abtragung des Bunkers der Schweizerischen Gesandtschaft. Juni 1995

Die Hinterlassenschaften des „Dritten Reiches" erzwingen eine Phase intensiver Bauvorbereitung. Zuerst, im Jahre 1995, wird der im Krieg für die Schweizerische Gesandtschaft errichtete Bunker abgetragen. Dann stoßen Bauarbeiter völlig überraschend nördlich vom Reichstag auf eine weitere, unterirdische Bunkeranlage, für die keinerlei Planunterlagen vorliegen. Den neuen Bauvorhaben im Weg steht auch die Betonhülle eines etwa 200 Meter langen Schnellbahnschachts, der den Königsplatz in Nord-Süd-Richtung unterquert. Schließlich gilt es noch, das Fundament des von Speer beabsichtigten Spreedurchstichs zu beseitigen.

Gefährlich und zeitaufwendig gestalten sich Suche und Entsorgung von Munition. Der Boden des vom Spreedurchstich verbliebenen, in den fünfziger Jahren zugeschütteten Wasserbeckens, erweist sich als wahres Lager für Geschosse fast jeder Art. Beim Ausheben des Grabens für den in offener Bauweise ausgeführten Autotunnel kommen insgesamt viereinhalb Tonnen Granaten und andere Kampfmittel zum Vorschein, dabei stoßen die Arbeiter in Höhe des Wasserbeckens auf täglich 50 bis 100 Kilogramm Munition. Im Dezember 1996 findet sich nördlich vom Reichstag eine 250 Kilogramm schwere Bombe. Vor dem Entschärfen öffnet man vorsorglich in allen umliegenden Gebäuden, soweit vorhanden und trotz deren gehöriger Entfernung zum Fundort, alle Fenster.

Grundwasser im Straßentunnel östlich der Schweizer Botschaft. Hinterhaus mit Brücke. April 1997

Endlich, im Jahre 1997, können die Hochbauarbeiten einsetzen. Der erste, 1999 fertiggestellte Bau gehört indes im engeren Sinne nicht zum Band des Bundes. Es ist die Betriebskindertagesstätte des Deutschen Bundestages am nordöstlichen Spreeufer. Mit viel Farbigkeit und fantasieanregenden Architekturelementen hat der Wiener Architekt Gustav Peichl eine Atmosphäre geschaffen, in der sich Kinder wohlfühlen können.

Spreebogen. Situation 2009

Das gut hundert Meter breite Band des Bundes, das im Osten jenseits der Spree und der ehemaligen Mauer mit dem Marie-Elisabeth-Lüders-Haus beginnt, ist auf dem Gelände des ehemaligen Alsenviertels mit zwei markanten Bauten vertreten. Bis zum Jahre 2001 errichtet man in unmittelbarer nördlicher Nachbarschaft des modernisierten und mit neuer Kuppel ausgestatteten Reichstags den Alsenblock. Er wird später nach dem Reichstagspräsidenten und Alterspräsidenten des ersten Deutschen Bundestags, Paul Löbe (SPD), benannt. Der Haupteingang liegt an der westlich vorbeiführenden, an dieser Stelle für den Durchgangsverkehr gesperrten Konrad-Adenauer-Straße. Ein weiterer Eingang befindet sich in der Paul-Löbe-Allee, die am Südrand des Gebäudes von Spreeufer zu Spreeufer führt. Der Bau ist, wie das Elisabeth-Lüders-Haus, eine Schöpfung des Architekten Stephan Braunfels.

Die 61.000 Quadratmeter Nutzfläche des Hauses verteilen sich auf 1.700 Räume, darunter 550 Büros für 275 Abgeordnete, 21 Sitzungssäle für die Ausschüsse und etwa 450 Büros der Ausschuss-Sekretariate sowie ein Restaurant für Abgeordnete, Mitarbeiter und Gäste. Außerdem ist im Haus die zentrale Besucherbetreuung untergebracht.

Westlich vom Paul-Löbe-Haus ist auf der Spur des Bandes das sogenannte Bundesforum, ein Treffpunkt von Regierenden und Regierten, geplant. Da es für diesen Bau bisher noch nicht einmal konkrete Pläne gibt, wird der Blick vom Paul-Löbe-Haus noch lange Zeit ungehindert auf das ebenfalls 1997 bis 2001 errichtete Bundeskanzleramt fallen können.

Das von Axel Schultes entworfene Gebäude ist mit seiner modernen, weitgehend verglasten Außenfläche und zahlreichen Stilelemente der Postmoderne architektonisch gleichermaßen bemerkenswert wie umstritten. Die Schmalfront des Amts prägt der für den Empfang von Staatsgästen bestimmte Ehrenhof mit der sechs Meter hohen Skulptur „Berlin". Dahinter erhebt sich mit 36 Meter Höhe das Leitungsgebäude, ein besonders wegen seiner halbrunden Öffnungen auffallender Kubus mit neun Geschossen für die Büro- und Arbeitsräume des Bundeskanzlers, des Kanzleramtes und des Staatsministers. Zwischen den in leichtem Mindgrün gehaltenen Innenwänden befinden sich der Kabinettsaal, ein internationaler Konferenzraum, der Bankettsaal, das Presse- und Informationszentrum, eine ganze „Geheim-Etage" mit abhörsicherem Raum für den Krisenstab, mit dem Planungszentrum und dem Archiv. Darüber liegt das 150 Quadratmeter große Büro des Regierungschefs mit Blick zum Reichstag und zum Brandenburger Tor. In der obersten Etage hat man die bisher kaum genutzte Kanzlerwohnung eingerichtet. Den ersten Stock schmückt die Galerie der bisherigen Bundeskanzler Adenauer, Erhard, Brandt, Schmidt, Kohl und Schröder. Die Fahrstühle sind rund und haben sich trotz grüner Farbe den Spitznamen „Coladose" eingehandelt. Das zentrale Treppenhaus hat Schultes in sechs Farbräumen gestaltet: Blau (Weisheit), Umbra (Kraft und Stärke), Rot (Tapferkeit), Ocker-Gold (Gerechtigkeit) und Grün/Weiß (Klugheit).

Bundeskanzleramt, Südseite

Südlich und nördlich verlaufen vom Ehrenhof bis hinter das Leitungsgebäude, wo früher die „Zelten" begannen, zwei fünfgeschossige Verwaltungsflügel, die 310 Büroeinheiten aufnehmen. Insgesamt finden im Komplex Willy-Brandt Straße 1 fünfhundert Schreibtische und ebenso viele Mitarbeiter Platz. Wegen der zum Teil langen Wege ist im Gebäudekomplex ein Rohrpostsystem für den Aktenversand installiert. Weitere technische Merkmale sind ein Blockheizkraftwerk mit Kraft-Wärme-Kälte-Kopplung und auf dem Dach eine Photovoltaikanlage mit einer Fläche von rund 1300 Quadratmetern. An das Leitungsgebäude schließt sich eine Gartenanlage an. Hinter ihr führt eine Brücke über den Fluss, die das Kanzleramt mit dem Park und dem Landeplatz für Hubschrauber verbindet.

Das Bundeskanzleramt gilt als das größte Regierungshauptquartier der Welt; folgende Daten werden zum Beleg angeführt: Bruttogeschossfläche 64.000 Quadratmeter, Bruttorauminhalt 284.000 Kubikmeter und eine Nutzfläche von 25.000 Quadratmetern.

Die Baukosten für das „Weiße Haus an der Spree", von einigen Berlinern wegen der runden Öffnungen auch respektlos als „Waschmaschine" bezeichnet, bewegen sich in der Größenordnung von einer halben Milliarde D-Mark. Die Angaben schwanken zwischen 465 und 513 Millionen.

Einweihung des Spreebogenparks. 2006

Nördlich von Paul-Löbe-Haus und Bundeskanzleramt, zwischen Willy-Brandt- und Konrad-Adenauer-Straße befindet sich der am 30. Juni 2005 eröffnete, sechs Hektar große Spreebogenpark, ein 9,8 Millionen Euro-Projekt des Schweizer Landschaftsarchitekten Toni Weber. Die Sicht von der im Süden quer verlaufenden Fürst-Bismarck-Allee aus eröffnet dem Betrachter Rasenflächen mit vereinzelten Baum- und Strauchgruppen, einen kleinen Pavillon sowie den bereits erwähnten Geländeeinschnitt, der den Verlauf der Alsenstraße andeutet. In Ufernähe sind zwei auf unterschiedlichen Ebenen verlaufende Wege und – beiderseits des Einschnitts – tiefgelegte Gärten zu entdecken. Als kürzeste Verbindung zum Hauptbahnhof führt über die Rasenfläche in nordwestlicher Richtung ein Weg zu einem zeitgleich mit dem Park eingeweihten Fußgänger- und Radfahrersteg, die Gustav-Heinemann-Brücke. Zusammen mit der 1996 fertiggestellten neuen

Kronprinzenbrücke steht der Spreebogen wieder über drei Verbindungen mit dem nördlichen Ufer in Kontakt.

Die Geschichte des Spreebogens hat es in sich: Zuerst Holzplatz, dann für ein gutes Halbjahrhundert ein hochvornehmes Wohn- und Verwaltungsviertel, danach Zerstörung durch Spitzhacke, Bomben und Granaten, schließlich für zwei Tage einer der Hauptschauplätze des Zweiten Weltkriegs mit immensen Menschenopfern, ab 1945 eine Jahrzehnte währende Brache, ihr folgen ab Mitte der neunziger Jahre Wiederbelebung und Entwicklung zum Regierungs- und Parlamentsviertel der Bundesrepublik Deutschland mit angeschlossenem Park. Welches Berliner innerstädtische Quartier vergleichbarer Größe hat in vergleichbaren Zeiträumen derart extreme Metamorphosen durchlebt?

Ist jetzt ein gewisser Endstand erreicht? Mit dem Band des Bundes im Süden des Spreebogens sind – jedenfalls, wenn das noch fehlende Bundesforum eingefügt wird – die Bauvorhaben abgeschlossen. Aber was ist mit dem Terrain nördlich des Bandes? So, wie es sich jetzt präsentiert, kann es nicht bleiben! Wie eine Anklage gegen vergangenes Unheil, das nicht wieder gutgemacht wurde, steht die Schweizer Botschaft völlig isoliert im Raum. Die Straßen, die das Gebäude von allen vier Seiten umzingeln, unterstreichen diesen Eindruck von einer Insellage massiv.

Vieles schreit nach Veränderung, aber die nächstliegende ist wohl zugleich die größte aller Illusionen: Ein kleines feines Wohnviertel im Spreebogen zwischen Willy-Brandt- und Konrad-Adenauer-Straße, geteilt und zusammengehalten durch die ehemalige Alsenstraße. Maßstab für die Traufhöhe der kleinteilig gegliederten Straßenzüge könnte nur das Gebäude der Schweizerischen Botschaft sein. Deren Fassade würde völlig aus der Umgebung herausfallen und daher – von jedem Stadtführer dankbar aufgegriffen – umso deutlicher als letzter steinerner Zeuge an Vergangenes erinnern.

Das neuerwachte Leben im Spreebogen könnte gleichzeitig eine Lücke verkleinern, die gegenwärtig unübersehbar ist. Das am Rande des Tiergartens liegende, bisher ausschließlich von Touristen bevölkerte Regierungs- und Parlamentsviertel wäre sozial wie kulturell wenigstens in begrenztem Maße in die Stadt eingebunden.

Literaturverzeichnis

Rudolf Agstner, 130 Jahre Österreichische Botschaft Berlin, Berlin 2003

L. Alt, Handbuch des europäischen Gesandtschaftsrechts, Berlin 1870

Architekten-Verein zu Berlin und Vereinigung Berliner Architekten (Hrsg.), Berlin und seine Bauten, Berlin 1877, Berlin 1896

Bayerische Staatsbibliothek, Deutsche Biographie

Rosemarie Baudisch, Michael S. Cullen, Tiergarten, Berlin 1991

Anthony Beevor, Berlin 1945 Das Ende, München 2012

Behala, Hafenanlagen Wasserstraßen, Berlin ca. 1931

Berliner Hausbuch, Freiburg im Breisgau 1982

Hedwig von Bismarck, Erinnerungen aus dem Leben einer 95jährigen, Berlin 2013

Otto von Bismarck, Gedanken und Erinnerungen, Dritter Band, Berlin 1921

Tobias C. Bringmann, Handbuch der Diplomatie 1815–1963, München 2001

Michael S. Cullen, Platz der Republik, Berlin 1992

Hans-Peter Doege, Ein Erbspicknick „In den Zelten". In: Berlinische Monatsschrift, Nr. 11, 1999

Fjodor Dostojewski, Anna Dostojewskaja, Briefwechsel 1866–1880, Berlin 1982

Helmut Engel, Baudenkmal Königliche Porzellan-Manufaktur, Berlin 2004

Felix Eberty, Jugenderinnerungen eines alten Berliners, Berlin 2015

Hans Erman, Berlin Geschichte und Geschichten, Berlin 1953

Theodor Fontane, Mathilde Möhring, Berlin 1971

Theodor Fontane, Stechlin, Werke, Fünfter Band, Berlin und Weimar 1986

Theodor Fontane, Stine, Werke, Zweiter Band, Berlin und Weimar 1986

Dieter D. Genske, Ernest Hess-Lüttich, Wo steht das Kanzleramt? Berlin 2004

Walter Görlitz, Kleine Geschichte des deutschen Generalstabs, Berlin 1977

Harri Günter, Sibylle Harksen (Bearb.), Joseph Peter Lenné. Katalog der Zeichnungen, Tübingen, Berlin 1993

Jost Hansen, Horst Mauter (Hrsg.), Berlin am Wasser, Berlin 1993

Heinz Helmert, Kriegspolitik und Strategie, Berlin 1970

Bertram Janiszewski, Das alte Hansa-Viertel in Berlin: Gestalt und Menschen, Norderstedt 2008

Jürgen Karwelat, Kirsten Hoffmann, Alsenviertel. Ein Name kehrt zurück, Berlin 1997

Diethard Kerbs (Hrsg.), Edition Photothek XIII: Willi Römer, Hafenleben Berlin 1904–1932, Berlin 1985

C. von Kertbeny, Berlin wie es ist, Berlin 1981

Königlich Norwegische Botschaft, Scener fra en ambassades liv. Berlin 1905–2002, Berlin 2002 (norwegisch)

Peter Joseph Lenné, Gartenkunst im 19. Jahrhundert, Berlin 1992

Paul Lindau, Der achtzehnte März. In: Diethard H. Klein (Hrsg.), Berliner Hausbuch, Freiburg im Breisgau 1882

Hans Ludwig, Altberliner Bilderbogen, Berlin, o. J.

Alexander Meyer, Aus guter alter Zeit, Berlin 2006

Ferdinand Meyer, Der Berliner Tiergarten, Berlin 1892

Werner Natzschka, Berlin und seine Wasserstraßen, Berlin 1971

Agathe Nalli-Rutenberg, Das alte Berlin, Berlin 1907

Günter Neliba, Wilhelm Frick Der Legalist des Unrechtsstaates, Paderborn, München, Wien, Zürich 1992

Friedrich Nicolai, Beschreibung der Residenzstadt Berlin, Berlin 1987

Helene von Nostitz, Berlin Erinnerung und Gegenwart, Leipzig, Berlin 1938

Gundel Paulsen (Hrsg.), Kindheitserinnerungen aus Berlin, Husum 1991

Kurt Pomplun, Pomplun`s großes Berlin Buch, Berlin 1985

Jürgen Schacht (Hrsg.), Berlin. Die Stadt am Wasser, Berlin 1989

Rolf Schwedler, Die Hafenstadt Berlin, Berlin, Heidelberg, New York, 1966

Claudia Schwartz, Das Haus im Nachbarland. Die Schweizerische Botschaft im Berliner Regierungsviertel, Berlin 2001

Senatsverwaltung für Bau- und Wohnungswesen, Topographischer Atlas Berlin, Berlin 1995

Senatsverwaltung für Stadtentwicklung und Umwelt, Ingenieurgeologische Karte, Ausgabe 2014

Der Spiegel, Hamburg, Nr. 28, 1962

Carsten Staur, Die früheren dänischen Gesandtschaftsgebäude in Berlin. In: Susanne Berndt, Königlich Dänisches Ministerium des Äußeren (Hrsg.), Kopenhagen 1999

Stiftung Preußische Schlösser und Gärten Berlin-Brandenburg und Staatliche Museen-Stiftung Preußischer Kulturbesitz (Hrsg.), Der Maler Franz Krüger 1797–1857, Berlin 2007

Tony LeTissier, Race for the Reichstag: the 1945 Battle for Berlin, London 1999, (engl.)

Hans-Joachim Uhlemann, Berlin und die Märkischen Wasserstraßen, Berlin 1987

Paul Widmer, Die Schweizer Botschaft in Berlin, Zürich 1997

Adolf von Wilke, Alt-Berliner Erinnerungen, Berlin 1930

Heinz Wolter (Hrsg.), Otto von Bismarck. Dokumente seines Lebens, Leipzig 1986

Helmut Zschocke, Die Berliner Akzisemauer, Berlin 2012

Helmut Zschocke, Die erste Berliner Ringbahn, Berlin 2009

Geheimes Staatsarchiv Preußischer Kulturbesitz, Berlin, Ausführung des Bebauungsplanes für das Pulvermühlenterrain bei Moabit und das gegenüberliegende linke Spreeufer, I. HA Rep. 93 B, Bd. 1, 1858–1860, Nr. 1699. Bd. 2, 1860–1864, Nr. 1700. Bd. 3, 1864–1865, Nr. 1701. Bd. 4, 1865–1866, Nr. 1702. Bd. 5, 1866–1868, Nr. 1703. Bd. 6, 1868–1869. Nr. 1704. Bd. 7, 1869–1872, Nr. 1705. Bd. 8, 1871–1887, Nr. 1706. Bau einer Laufbrücke über die Spree zum Transport der Erde vom Humboldt-Hafen zum ehemals Seegerschen Holzplatz. Kostenanschlag vom 12. Juni 1858, I. HA Rep. 93 B, Nr. 5241. Innenminister Ernst von Bodelschwingh, Bericht an König Friederich Wilhelm IV., 30. Januar 1846. I. HA Rep 89, Nr. 28628, Blatt 132–140

Bildnachweis

Landesarchiv Berlin (40), Stiftung Stadtmuseum Berlin (15), Stiftung Preußischer Kulturbesitz, Staatsbibliothek zu Berlin (7), Geheimes Staatsarchiv Preußischer Kulturbesitz (3), Bildarchiv Preußischer Kulturbesitz (2), Architekturmuseum der Technischen Hochschule Berlin (2), Landesdenkmalamt Berlin (2), Staatliche Museen Preußischer Kulturbesitz, Musikinstrumentenmuseum Berlin (1), Kupferstichkabinett Berlin (1), Deutsches Historisches Museum (1), Archiv Bezirksverwaltung Tiergarten, Berlin (1), Städtische Galerie im Lenbachhaus München (1), Sächsische Landesbibliothek – Staats- und Universitätsbibliothek Dresden (1), Florida Holocaust Museum (1)

Eidgenössisches Departement für Auswärtige Angelegenheiten (3), Schweizerische Botschaft Berlin (2), Schweizer Magistraten und Diplomaten, Bern 1941 (1), Rudolf Agster, 130 Jahre Österreichische Botschaft Berlin, Wien 2003 (3), K. u. k. Ministerium des Äußern (1), Dänisches Außenministerium (2), Königlich Norwegische Botschaft, Berlin (1)

Helmut Zschocke (33), Gerhard Brand (7), Richard Brend 'amour (1), Peter Gaymayer (1), Diethard Kerbs, Edition Photothek (1), Plan von Jul. Straube 1910 (2), Liebenow-Plan (1), Edition Panorama Berlin, Millennium Berlin, Berliner Unterwelten (1), Wikimedia Commons (3), akg-images (1), picture alliance/ZB (1)

Architektenverein zu Berlin, Berlin und seine Bauten 1877 (4), …1896 (7), Archiv Skizzenbuch 3/1957 (1), Berliner Adressbuch 1900, Anhang (1), Deutsche Schachzeitung, Januar 1906 (1), Bernd Haunfeld, Klaus Erich Pollmann (Hrsg.), Reichstag des Norddeutschen Bundes 1867–1870, Düsseldorf 1889 (1), Karl Gutzkow, Berlin. Panorama einer Stadt, Berlin 1995 (1), Kaiser Wilhelm II., Aus meinem Leben, Berlin 1927 (1), Magnus-Hirschfeld-Gesellschaft e. V. (2), Jaques Reich, Appletons' Cyclopaedia of American Biography, Bd. 6, 1889 (1), Hans Peter Schmidt, Chronik des Bezirks Tiergarten (1), Samuel Heinrich Spiker, Berlin und seine Umgebungen im neunzehnten Jahrhundert, Berlin 1832 (1), Der Tagesspiegel v. 16. Juni 1995 (1)

www.ingramcontent.com/pod-product-compliance
Lightning Source LLC
Chambersburg PA
CBHW050631300426
44112CB00012B/1752